SCHOOL OF FINANCE
理财学院

保险理财产品
一本通

杨光瑶 / 编著

中国铁道出版社有限公司
CHINA RAILWAY PUBLISHING HOUSE CO., LTD.

内 容 简 介

本书采用理论知识＋产品实例相结合的方式，向读者详细介绍了保险理财的相关知识。

本书共10章，主要内容包括：如何利用社保来理财，如何构建基本保障，以及如何投资分红险、投连险、万能险这三种理财型保险。除此之外，还介绍了如何通过保险理财解决子女教育和老人的养老问题，最后通过对常见的保险理财陷阱的讲解，帮助投保人避开投保误区。

本书结构清晰，具有很强的实用性，适合于有保险保障需求，却不知如何进行保险理财规划、希望通过保险获得财富保值增值，以及有中长期投资需求的个人以及家庭阅读使用。

图书在版编目（CIP）数据

保险理财产品一本通/杨光瑶编著. —北京：中国
铁道出版社，2017. 10（2022. 1重印）
（理财学院）
ISBN 978-7-113-23135-4

Ⅰ.①保… Ⅱ.①杨… Ⅲ.①保险-基本知识 Ⅳ.
①F84

中国版本图书馆CIP数据核字（2017）第114650号

书　　名：理财学院：保险理财产品一本通
作　　者：杨光瑶

责任编辑：张亚慧　　编辑部电话：（010）51873035　　邮箱：lampard@vip. 163. com
封面设计：MXK DESIGN STUDIO
责任印制：赵星辰

出版发行：中国铁道出版社有限公司（100054，北京市西城区右安门西街8号）
印　　刷：佳兴达印刷（天津）有限公司
版　　次：2017年10月第1版　2022年1月第2次印刷
开　　本：700 mm×1 000 mm　1/16　印张：15.75　字数：224千
书　　号：ISBN 978-7-113-23135-4
定　　价：45.00元

前 言

P R E F A C E

———————

保险理财是目前比较热门的理财方式之一，与其他理财产品不同的是，保险理财不仅能够获得投资收益还能获得保障。理财的意义并不仅仅是为了获得收益，只有拥有了保障，理财才会变得更有意义。

随着社会的发展，人们面临的风险也越来越多，交通意外、重大疾病和家财损失都是可能出现的风险。当意外伤害或疾病到来时，拥有保险才能让经济损失得到弥补，不至于让家庭生活陷入困境。

购买保险是一种转移风险的手段，当个人或家庭已经拥有足额保障后，这时就需要理财型保险来为财富"添砖加瓦"了。理财型保险集保障与投资于一身，通过理财型保险进行保险理财，能帮助家庭解决子女教育和个人养老问题。

在人生规划中，保险理财是不可或缺的一部分，保险理财具有很强的安全性，通过保险进行中长期投资，能够在为家庭经济安全提供保障的同时，让资产得到保值增值。

丰富的保险产品也为个人及家庭进行保险理财提供了有力支撑，每一个家庭和个人都可以从保险产品中挑选出适合自己的产品。

本书包括 10 章内容，具体章节的内容如下。

◎ 第一部分：第 1 章

本部分内容主要介绍了保险理财的基础知识，包括保险理财的作用、保险与人生财务规划的关系及保险理财的前期准备，帮助读者快速了解为什么要进行保险理财。

◎ 第二部分：第 2 ~ 4 章

本部分内容主要讲解了社保理财、如何进行健康保障规划及如何保障家庭财产安全。这三方面内容都是与日常生活息息相关的，能够帮助读者快速构建家庭基本保障。

◎ 第三部分：第 5 ~ 7 章

本部分主要介绍了分红险、投连险和万能险这三种保险理财产品，作为兼具投资与保障功能的险种，它们对抵御通货膨胀、保证资产稳健增值起着重要的作用。

◎ 第四部分：第 8 ~ 10 章

最后一部分针对当前很多人关心的子女教育和老人的养老问题提供了保险理财的解决方法。在本书的最后一章，还针对保险理财陷阱进行了讲解，以避免读者陷入保险理财误区中。

本书语言通俗易懂，采用理论知识与产品实例相结合的方式，帮助读者更好地将理论知识运用到实际投保中，本书适合于有保险保障需求、不知如何进行保险理财规划、希望通过保险获得财富保值增值及有中长期投资理财需求的个人及家庭。

最后，希望所有读者能够从本书中获益，在实际生活中通过保险理财实现保障与投资两不误。由于编者能力有限，对于本书内容不完善的地方希望读者批评指正。

编　者

2017 年 7 月

目 录

C O N T E N T S

---

01 .PART.

保险理财要知道的事儿

我们谁都无法预测未来会怎样，在日常生活中，一场意外、一次事故就有可能让家庭生活陷入困境。保险作为对未来生活的一种投资，它能够帮助我们抵御未知风险带来的伤害，同时，合理利用保险也能让家庭和个人更加有效地进行理财。

02
.PART.

学会利用社保来理财

　　如今，社保已经是一个耳熟能详的词汇了，作为社会保障制度的重要组成部分，它能为社会成员提供必要的基本保障，国家法律规定用人单位必须为在职员工交纳社会保险。那么社保具体应该怎么交纳？对参保人来说社保卡可以用于理财吗？本章就一起来认识和了解社保和社保卡理财。

03
.PART.

投资理财不可忽略个人保障

    投资理财获得高收益、高回报是每一位投资者期待的事情，然而突如其来的疾病和意外等带来的高额费用常常会给个人或家庭带来巨大的经济负担，打乱原有的投资理财规划，甚至不得不取出未到期的理财产品，使得投资收益及本金受损。为保证投资理财顺利进行，每一位投资者都需为可能出现的费用支付风险出谋划策。

04
.PART.

不让家庭资产"缩水"

　　家庭财产是个人及家庭成员一点一点积累起来的，它是家庭财富最直接的体现。理财其实就是对家庭共有财产及个人财产管理的过程，通过制定科学合理的资产组合，打理好钱财，来实现财富保值或增值目标。理财的前提是有财可理，财产风险的存在，很可能使多年积累的理财资金消失殆尽。

05 .PART. 投资分享红利的分红型保险

投保人利用保险解决了疾病和意外事故等保障后，还要考虑如何通过保险来提高生活质量。在保险理财产品中，一种叫做分红型保险的保险产品，能让投保人以红利的方式分享保险公司的经营成果。

06
.PART.

保障和投资兼得的投连险

在保险理财产品中，投连险是可以让投保人享受到低档、中档和高档等不同收益水平的保险产品，因此成为不少投保人的"理财神器"。投连险购买灵活，普通投保人利用闲钱也可进行投连险投资，从而让小钱也能有大作为。

07
.PART.

收益"灵活多变"的万能险

熟悉理财型保险的投保人对万能险通常都不会太陌生，万能险具有保障和收益灵活的特点，大多数万能险既能保证本金不亏损，又能保证一定的收益率，因此成为许多投保人稳健理财的利器。

08 .PART. 为孩子的未来进行投资

孩子是家庭成员的重要组成部分，孩子成长的费用更是一笔不小的开销。作为父母，提早为孩子的未来做好规划，通过保险理财的方式储备教育金和创业金，同时利用保险科学地打理孩子的压岁钱，让孩子树立理财意识，可以在理财的同时为孩子提供更好的未来。

09 .PART. 为晚年生活提供财务保障

　　退休后如何维持日常生活是每一个人都需要考虑的问题，生老病死是自然规律，及早进行养老规划能够让晚年生活更加多姿多彩。社会养老保险＋商业养老保险是目前解决养老问题的重要手段，能够让人们在年老时获得一笔保证生活质量的养老金。

10 .PART. 看清保险理财，不要被陷阱"忽悠"

保险是我们用于转嫁风险的工具，但这一工具本身有时也会使投保人陷入"陷阱"之中。在购买保险的过程中，投保人还要学会识别一些常见的保险"陷阱"，使得自己的保险需求与所投保的产品相符，避免买到"空头保险"或买到自己不需要的保险。

保险与理
财的关系

保险与
财务规划

做合格的
投保人

保险理财
产品的购买

保险理财要知道的事儿

我们谁都无法预测未来会怎样，在日常生活中，一场意外、一次事故就有可能让家庭生活陷入困境。保险作为对未来生活的一种投资，它能够帮助我们抵御未知风险带来的伤害，同时，合理利用保险也能让家庭和个人更加有效地进行理财。

1.1 保险，保障与理财两不误

> 如今，保险已不是一个新鲜的词语了。人生在世，交通事故、自然灾害和重大疾病等都会对家庭和个人带来伤害，未雨绸缪是一种智慧，买保险是对个人也是对家人的一种负责任的体现，同时也是投资理财的一种有效手段，保险的特殊特征使其具有保障与理财的双重功能。

根据 2016 年 1 ~ 5 月数据显示，财产保险业务原保险（该内容将在本章后面的内容中讲解）保费收入为 3 543.51 亿元，同比增长 7.71%；寿险业务原保险保费收入 10340.83 亿元，同比增长 45.61%；健康险业务原保险保费收入 1913.96 亿元，同比增长 90.13%；意外险业务原保险保费收入 321.88 亿元，同比增长 20.03%。

另外，财产保险业务赔款 1798.49 亿元，同比增长 16.30%；寿险业务给付 2217.39 亿元，同比增长 30.61%；健康险业务赔款和给付 365.49 亿元，同比增长 31.96%；意外险业务赔款 71.03 亿元，同比增长 28.34%。

这表明购买保险和获得保险赔付的人群都在增加，那么家庭和个人为什么要买保险呢？下面一起来看看。

1．买保险的十大好处

保险理财之所以会受到广大投资者的关注，是因为保险对于家庭和个人而言具有诸多好处，具体如表 1-1 所示。

表 1-1　买保险的十大好处

保险的好处	内容
弥补意外伤害损失	面对各种不可预测的意外，买保险能够保证在遭遇意外时获得约定的保险金赔偿，从而使得家庭和个人能够减少风险发生时带来的损失
医疗费用保障	疾病不仅会危害个人身体健康和生命，巨额的医疗费用还会使许多家庭陷入财务危机，而部分家庭甚至因为无法支付医疗费用导致延误患者的治疗时机。购买医疗健康险，能够降低个人和家庭的医疗费用压力
养老有保障	购买养老保险来解决养老问题是许多人"防老"的一种方法，当因年老退出劳动岗位后，如果拥有养老保险就可以为生活需求提供可靠的生活来源
教育储蓄金让孩子的学业有准备	如今抚养孩子长大成人需要花费不少资金，面对儿童成长费用压力，提前做好教育金的规划是比较明智的，而教育金保险就可以使得孩子的教育费用有保障
合理避税	"遗产税将于 2016 年正式开征，国务院法制办正在研究起草《遗产税》"的消息已成为热门话题，如果遗产税真正开征，意味着个人财富要传承给后代需要支付一定的遗产税，由于人寿保险未计入遗产总额，因此它可以成为合理避税的途径
对家庭有安排	当个人因为年老或者意外导致死亡时，会给家人带来一定的经济负担，人寿保险能够将被保险人的生存或者死亡风险进行转移，以减轻死亡后带来的经济负担
分散投资风险	许多家庭和个人都有投资理财的意识，但却往往将鸡蛋放在一个篮子里，比如股票、基金等，致使在获得高收益的同时也会面临较大的投资风险，如果将投资资金分散，比如以"保险＋基金＋股票"的方式进行投资，就会起到分散风险的作用，当股票和基金亏损严重时，保险还能提供一定的经济来源
应急储备金	许多保险产品的保费在必要时都可以取出，当遭遇经济困难时便可动用这笔资金，以渡过困境。另外，有些保单还可以抵押在相应的保险公司，从保险公司取得贷款
为事业打拼提供保障	青壮年是家庭稳定收入的重要依靠，为家人和自己购买保险能够为日常生活隐患提供保障，让人安心打拼事业，从而让家庭生活更加美好
积累个人财富	保险可以作为个人财富的一部分，对于许多"月光族"来说，购买一份定期缴纳保险费的保险产品，可以培养储蓄意识，为个人积累财富

2. 保险理财对家庭和个人都很重要

风险是保险存在的前提条件，"无风险，不保险"道出了保险与风险的关系。风险是客观存在的，它具有不确定性、普遍性和损失性的特征。随着社会的进步和生产的发展，新的风险也接踵而至。

面对无处不在的风险及风险发生后带来的损失和后果，仅靠个人和家庭的力量是难以承受的，因此我们需要一种转移风险的手段，而保险便充当了这一职能。

不管是个人还是家庭都要树立风险管理的意识，这是因为就个人而言，风险贯穿于个人的整个生命历程。下面以个人为例，看看人的一生会遭遇哪些可能的风险。

◆ **失业风险**：当个人工作或职业上出现不利的变动时，就可能面临失业，失业意味着个人收入来源无法得到保障，对物质生活和个人精神方面都会造成一定程度的影响。

◆ **疾病风险**：疾病是每个人都无法避免的，它会给个人身体健康和生命带来威胁。

◆ **养老风险**：随着年龄的增长，个人生活保障面临更多的不确定性，如何保证"老有所养"是每个人都比较关心的问题。

◆ **意外伤害风险**：车祸、火灾和摔伤等是日常生活中比较常见的意外风险。意外风险无法预测，还会带来不可估量的损失。

◆ **财产风险**：投资失败、失窃或自然灾害等都会造成财产损失。

正是因为上述风险的存在，使得我们不得不防患于未然，保险作为风险管理的一种手段，使得个人和家庭面对养老风险，可以"有备而老"；面对意外伤害风险，可以获得意外保障；面对疾病风险，可以得到医疗保障。

通过保险理财，对资金进行合理安排和规划，可以把个人和家庭承担的风险转移给保险人，以较小的成本获取较大的安全保障，使个人或家庭避免因疾病或意外而陷入财务困境中，同时也能使资产得到有效的保值和增值。

3．保险是投资理财的一部分

许多人在进行投资理财时会将一部分资金用于购买基金、股票或黄金等理财产品，却往往会忽略保险这一理财工具，主要原因是他们没有意识到保险的重要性，结果导致理财规划不合理。

那么怎样进行资产配置才是合理的呢？下面先来看看标准普尔家庭资产象限图是如何进行资产配置的，它被公认为是最合理稳健的家庭资产分配方式，如图1-1所示。

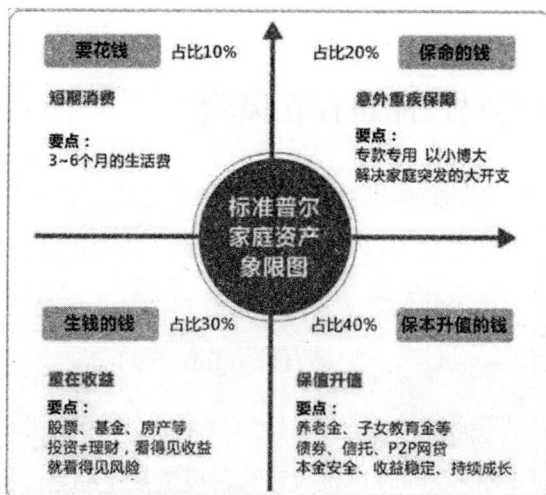

图 1-1 标准普尔家庭资产象限图

通过图1-1可以看出，家庭资产的20%应用于保障家庭成员出现意外事故和重大疾病时能够支付突发的大额开销，并且这笔资金一定要做到专款专用。那么如何才能保证在遭受意外和疾病时，能够有足够的资金呢？

通过保险就可以实现这一目的，它能够以小博大，保证家庭在关键时刻有足够保命的钱。

另外，我们还需要一笔保本增值的钱，通过标准普尔家庭资产象限图可以看出这笔资金的占比在 40% 左右，由于这一笔资金的投资需保证本金安全且收益稳定，因此保险自然而然会成为其中的组成部分之一，比如养老金、子女教育金及低风险的保险理财产品，都可能占有一定比例。

在进行家庭资产配置时，由于每个家庭具有其特殊性，因此不可能完全按照标准普尔象限图来进行家庭资产配置，但是它可以为我们进行家庭理财提供启发，那就是保险也属于家庭理财的一部分，它需要纳入家庭资产配置中，从而让家庭资产分配方式更合理。

至于在家庭资产配置中，保险要占多少比例则要根据家庭财务状况及风险承受力来进行决定。

4．保险理财产品也存在风险

大多数人进行保险理财既是为了获得保障也是为了获得投资收益，为了满足人们对保障功能和理财功能的双重需求，许多保险公司都推出了投资型保险产品，也就是我们常听说的保险理财产品，这类产品与普通的保险相比，除具有保障功能外，更具有投资和储蓄的功能。

我们都知道投资收益和风险是对等的，保险理财产品因其能够创造更多收益而更具投资价值，同时这也就意味着投资该产品会面临一定的风险，这些风险主要有以下几类。

◆ **收益不确定性风险：**很多保险理财产品的主要功能还是保障，投资收益只是附加功能，其收益的多少大都跟保险公司的盈利挂钩，如果保险公司盈利不佳，收益可能为零，甚至可能导致本金损失。

◆ **本金退回风险**：部分保险理财产品在犹豫期过后就不再支持提前退保，也就是说投保人需按照合同约定，到期后才能取回本金，而这个期限可能是5年，也可能是10年。对于能够提前赎回的保险理财产品，保险公司通常会收取高额的赎回费用，提前赎回常常会使得保单"现金价值"低于"本金"的情况出现。

◆ **保障风险**：保险理财产品提供的保障功能相较于传统保险产品而言更少，可能只会提供基本的身故保障，对于疾病和意外等保障可能不会涉及，这意味着个人保障将存在很大的风险。

通过对保险理财产品风险的分析，我们已经明确了保险理财产品也有其风险，只是风险大小不同，从保险理财的角度出发，进行保险产品投资理财一定要遵循"保障第一、收益第二"的原则，避免盲目将保险产品当作"理财产品"。

1.2 保险与人生财务规划

不管是进行个人理财还是家庭理财，都需要根据其财务状况建立合理的财务规划。财务规划的内容包含投资规划、保险规划、居住规划、子女教育规划、养老退休规划和健康规划等。

1. 保险在投资理财中扮演的角色

按照人生发展的不同阶段，可以将人的一生分为儿童期、青年期、中年期和老年期，在不同的年龄阶段，资产的配置比例是不同的。在进行人生理财规划时，只有做到理财目标与人生风险相匹配，才能提高家庭幸福指数。

如果将理财规划构建成金字塔式，那么保险将会成为个人财务规划的重要基石，成为稳定塔基最实用、有效的工具，图 1-2 所示为常见的金字塔式理财规划。

只有在追求稳健收益的条件下，才能构建健康的理财规划"金字塔"。

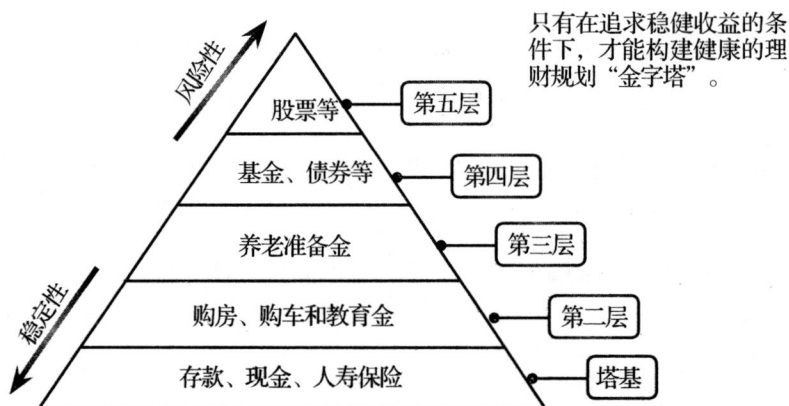

图 1-2　金字塔式财务规划

通过图 1-2 可以看出，在理财规划中，塔基（金字塔的第一层）包含银行存款、现金和人寿保险，它们构成了金字塔的塔基。由于家庭日常消费中需要大量使用现金和存款，因此零用和应急的资金储备是必需的，人寿保险作为风险管理的手段，它能有效减少因意外或健康等风险带来的资产损失，因此成为塔基的组成部分之一。

第二层的理财规划主要是购房、购车和教育金等，它们属于家庭生活的刚性需求，目的是让家庭生活更美好。

第三层是养老储备，这笔资金需要年轻时准备，以保证年老时的正常开支。

第四和第五层是在保证日常生活开支外的盈余才会考虑的，包含股票和基金等风险投资，以实现财富增值。

通过对金字塔式理财规划的解读，可以看出保险起着支柱的作用。由于不同家庭掌管的财富是不同的，金字塔的尖顶有多高，底边有多长是不确定的，不管怎样的"金字塔"都需要一个稳固的基座。保险作为理财规划中风险防范的重要手段是必不可少的，其扮演着保障、储蓄和财富保值增值的重要角色。

2. 哪些人需要保险理财

虽说每个人都需要保险，但是在一个家庭中给家庭成员购买保险应有一定的先后顺序，做到合理理财。那么在一个家庭中哪些人需要购买保险用于理财呢？总结起来包括以下几类。

◆ **家庭重要经济来源**：家庭中经济来源的"顶梁柱"应优先考虑购买保险，这是因为他们所承担的责任更重大，一旦遭受意外就可能使家庭丧失经济来源，陷入困境。

◆ **经常外出的人**：经常外出的人会乘坐各种交通工具，此类人群面对的交通意外事故发生率比普通人高很多。

◆ **身体状况欠佳**：年龄越大发生疾病的概率也会越大，投保限制条件也会越多，如果家中有亲人身体健康欠佳，那么就更需要提早购买健康医疗类保险。

◆ **特殊工作岗位人群**：某些特殊岗位的工作更具有挑战性和危险性，如高空作业、井下作业和爆破作业等，在此类岗位工作的工作者更需要购买保险，如意外险。

◆ **步入中年的人**：主要指30～40岁及以上的工薪人员，此类人群需考虑退休后生活来源问题，因此需要保险理财来为退休后的生活提供保障，养老理财型和年金型保险产品较适合此类人群。

◆ **具有长期投资需求的年轻人**：年轻人的风险承受能力较强，在面对风险时常常也能用良好的心态去面对，因此可通过投资连结型保险进行理财，以承受风险来为个人资产换取高收益。

◆ **个人收入较稳定的上班族**：收入较稳定的上班族可拿出结余工资用于分红理财型保险理财，此类产品风险较小，能使投资资金相对保值甚至增值。

◆ **有储蓄习惯的家庭财务管理者**：在一个家庭中，管理家庭财务的可能是丈夫，也可能是妻子或者父母，作为家庭财务管理者，如果有定期储蓄的习惯，那么可通过万能理财型保险进行理财，以灵活应对家庭收入和理财目标的变化。

了解了需要进行保险理财的人群后，在为家人投保时就应考虑实际情况，为其挑选适合的保险产品，合理把握投资理财的方向。

3. 你的财务规划中有保险吗

明确了保险的重要作用后，在进行财务规划时就需要将保险纳入其中。由于不同人生阶段保险的需求是不同的，在进行保险产品配置时也要"按需配置"，我们可通过保险规划需求测试来了解现阶段的保险规划是否已经足够。下面以平安保险规划测试为例，来看看如何在网上进行保险规划测试。

Step01 进入中国平安保险规划测试页面（http://www.pingan.com/finprog/suddenness.do），在"我需要意外险吗"栏中选中不同答案前的单选按钮，再单击"下一步"按钮。

保险规划

　　赡养年老的父母、抚养年幼的子女、照顾生命中的另一半，人生总是要承担很多的责任。而生活总是伴随着许多的风险，面对危机您是否已经为您的家人准备了足够的保障？马上开始作一作保险规划，看看您需要哪种保险，需要多少。

我需要意外险吗？

您和您的家人每年大约出差多少次？	● < 5次　　○ 5-10次　　○ > 10次
您和您的家人是否外出旅游？	● 有　　○ 无
你们通常前往哪里旅游？	● 国内　　○ 国外　　○ 国内和国外

①选中

②单击

下一步

Step02 在打开的页面中可以查看到结果，单击"我需要人寿保险吗？"超链接进行人寿保险规划测试。

· **我需要意外险吗？**

　　您偶尔出差，出差途中乘坐飞机、火车等交通工具可能给您带来风险，为了安心出行，建议您出差前购买交通工具意外险。交通工具意外险为乘坐飞机等交通工具时的人身意外伤害提供专门保障。
　　您最近计划出游，建议您出门旅行前购买一份旅行意外险，对旅行期间可能发生的人身意外伤害和意外医疗提供全面保障。网上投保旅行意外险，您可以自由选择保额、生效日期，随心定制自己的保单。

· **我需要人寿保险吗？** —— 单击

· **我需要财产保险吗？**

Step03 在打开的页面中根据个人情况填写生活开支和收入等信息，填写完成后单击"下一步"按钮。进入社保、金融性资产信息页面，填写存款和基金市值等信息，完成后单击"确定"按钮。

父母紧急医疗预备金	10000 元		所在城市社会平均工资	1800 元/月
家庭生活保障			您已有的寿险保额	0 万元
家庭目前月生活开支	3000 元/月		金融性资产	
配偶年收入	50000 元	①填写	存款	10000 元
配偶离退休的年数	34 年		基金市值	5000 元
需要保障的年数	20 年		股票市值	2000 元
家庭人口数	2 人		投资性房产市值	0 万元
需要保障的其他费用	0 元		其他资产市值	200 元

③填写

下一步　　②单击

上一步　　确定　　④单击

Step04 继续进行财产保险和健康险需求测试，完成后单击"您的保险规划已完成，可以现在就看看整体报告"超链接。

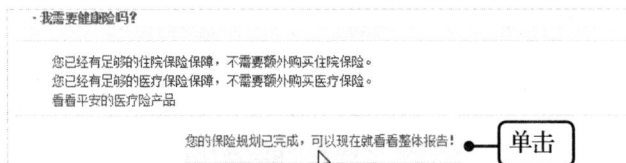

Step05 在打开的页面中即可查看到保险规划测试的最终报告结果。

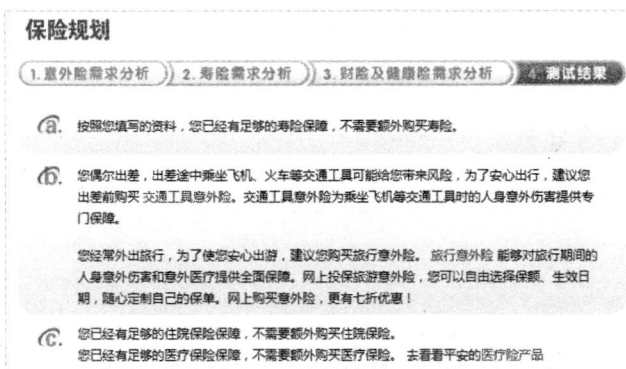

1.3 做合格投保人是保险理财的前提

> 保险的险种有很多，在面对种类丰富的保险产品时，需要对保险有一个基本的认识，这样才能明明白白买保险，成为一个不易被"忽悠"的合格投保人，从而更好地进行保险理财。

1. 保险理财基础知识概述

投保人在对保险基础知识有一定的了解后再进行保险理财，可以让投保更加顺利，下面就来简单认识保险。

■ **保险的分类**

保险产品的分类方法有多种，按照经营性质分为社会保险和商业保险，两者的具体含义如下。

◆ **社会保险**：社会保险简称社保，是国家强制社会多数成员参加的，将其收入的一部分作为社会保险费形成社会保险基金，用以对其中因年老、疾病、生育、伤残、死亡和失业而导致丧失劳动能力或失去工作机会的成员提供基本生活保障的一种社会保障制度。

◆ **商业保险**：商业保险是以盈利为目的的保险形式，由专门的保险企业经营，商业保险具有有偿性、公开性和自愿性的特点。

按照标的物的不同可分为财产保险和人身保险两大类，两者的含义如图 1-3 所示。

财产保险

财产保险的标的物为所承保的财产及其有关利益，包括财产保险、农业保险、责任保险、保证保险和信用保险等

人身保险

人身保险的标的物为人的寿命或身体，当人们遭受不幸事故或因疾病、伤残及年老等丧失工作能力、死亡或年老退休时，根据保险合同的约定，保险人对被保险人或受益人给付保险金或年金，以解决其因病、残、老、死所造成的经济困难

图 1-3 财产保险与人身保险的含义

按照保险人是否承担全部责任分为原保险与再保险，两者的含义具体如下。

◆ **原保险**：指保险人与投保人之间直接签订保险合同而建立保险关系的一种保险。

◆ **再保险**：指保险人将其承担的保险业务部分转移给其他保险人，以将其所承保的部分风险和责任向其他保险人进行转移的行为，转让业务的是原保险人，接受分保业务的是再保险人。

按照保障主体的不同还可分为个人保险和团体保险。个人保险是为满足个人和家庭需要，以个人作为承保单位的保险；团体保险是以团体为保险对象的保险。

■ **保险的基本原则**

保险的基本原则是人们进行保险活动的准则，主要由四大原则构成，分别是保险利益原则、近因原则、损失补偿原则和最大诚信原则。四大原则的具体含义如下。

◆ **保险利益原则**：是保险的基本原则，要求投保人或被保险人对保险标的具有保险利益，且这种利益必须是合法的、确定的、有利害关系的，如果投保人以不具有保险利益的标的投保，保险人可单方面宣布保险合同无效。

◆ **近因原则**：用以确定保险赔偿责任，近因指造成保险标的损失的最直接有效的、起决定性作用的因素。

◆ **损失补偿原则**：指当被保险人因保险事故遭受损失时，保险人应对其损失进行赔偿，被保险人从保险人处所得到的赔偿应正好填补被保险人因保险事故所造成的保险金额范围内的损失。

◆ **最大诚信原则**：是指诚实、守信，保险合同的当事人应如实告知保险人相关重要事实，若未遵循最大诚信原则，保险人可宣布保险合同无效。

从保险的基本原则可以看出，四大基本原则既对保险人有约束也对被保险人有约束，坚持四大基本原则有利于维护保险双方的合法权益。

2. "互联网＋保险"的参与者

保险的参与者即指保险市场活动交易的当事人，包括保险的需求者、供给者及保险的中介人，其中保险的需求者主要有个人和企业；保险的供给者主要是我们熟知的保险公司，包括政府保险人和私营保险人；保险的中介人介于保险人与投保人之间，他们帮助保险人和投保人达成保险合同，保险中介分单位和个人，比如保险中介机构、保险代理人、保险经纪人等。

随着互联网的发展，"互联网＋保险"成为新的保险业务开展形式，许多保险公司及保险中介机构都建立了自己的网络销售平台，而其他电商平台，包括京东商城、淘宝等也已涉足保险销售，成为保险的参与者之一。图1-4所示为在京东金融平台销售的保险产品。

图1-4　京东金融平台销售的保险产品

从图1-4可以看出京东金融平台销售的保险产品也很丰富，保障险有意外险、健康险、旅行险和长期险，同时还有车险。

第三方保险中介平台由于可以代理多家保险公司的保险产品，便于投保人进行保险产品比较，因此受到了许多投保人的青睐，知名的第三方保险中介网上平台有慧择网和中民保险网等。

3. 要学会看保险合同

保险合同是投保人与保险人约定保险权利义务关系的协议，投保人与保险人要建立法律关系需要签订保险合同，保险合同上会写明相关保险条款，这些条款通常包括以下几项。

◆ 保险合同当事人和关系人的名称及住所。

◆ 保险标的、保险责任和责任免除。

◆ 保险期间和保险责任开始时间。

◆ 保险价值、保险金额、保险费及支付方法。

◆ 保险金赔偿或给付办法、违约责任和争议处理。

◆ 订立合同的年、月、日等。

不同的保险产品，其保险条款的具体内容是不同的，图1-5所示为某意外伤害保险条款的部分内容。

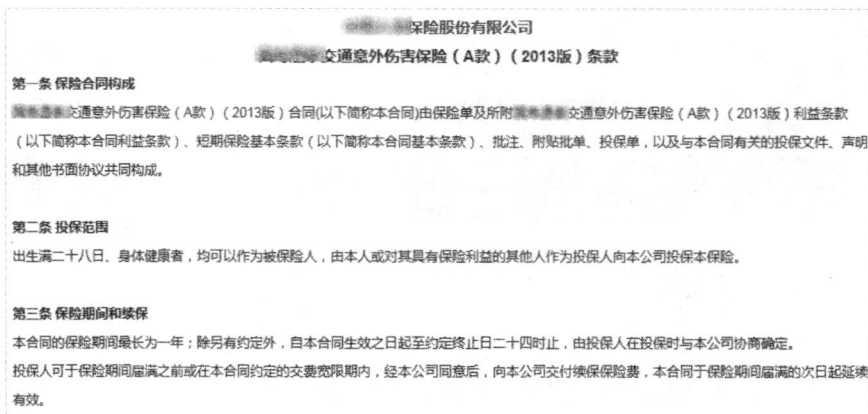

图1-5 意外伤害保险条款部分内容

保险合同的参与者包括投保人、保险人、被保险人、受益人及合同的辅助人，如保险代理人和经纪人。

投保人即与保险人订立保险合同，并支付保险费的人；被保险人是根据保险合同，在保险事故发生后享有保险金请求权的人，大多数情况下，投保人与被保险人是同一人；受益人是由被保险人或者投保人指定的享有保险金请求权的人，受益人可以是投保人也可以是被保险人。

4. 保险费的构成和确定

保险费是投保人在参保时所支付的费用，保险费的交纳方式主要有期交和趸交两种，期交是指按照一定的期限交纳保费，比如按年交纳、按季交纳等；趸交是指一次性交纳全部保费。

保险费由保险金额、保险期限和保险费率构成，因此保险费数额的高低也受这三者的影响，它们之间成正比关系。即保险金额越大，保险费率越高，或保险期限越长，则应交纳的保险费就越多。图 1-6 所示为同一综合交通工具意外保险不同保险金额下的保费测算结果。

图 1-6 同一保险不同保险金额下的保费测算结果

从图 1-6 可以看出左图比右图所支付的保费要少，对应的左图保险金额也比右图少很多。

保险费率是应交保险费与保险金额的比率，即费率 = 保险费 ÷ 保险金额，通过该公式可得出保险费的计算公式，即保险费 = 保险金额 × 保险费率。

保险费率的厘定由保险公司来确定，需要通过人民银行批准，保险公司不能擅自更改，图 1-7 所示为某交通意外身故定期寿险年交费率表。

●●●●● 交通意外身故定期寿险年交费率表

（每万元基本保险金额）

单位：人民币元

被保险人	交通工具		费率
18-64 周岁	客运公共交通工具	客运民航班机	0.40
		列车（包括客运列车、地铁、轻轨列车）	0.42
		客运轮船	0.42
		客运汽车（包括公共汽车、电车、出租车）	1.35
	个人非营业车辆		1.55

注：61-64 周岁的费率仅适用于续保。

图 1-7　某交通意外身故定期寿险年交费率表

5．保险理赔流程和方式

当在保险标的的范围内因发生保险事故导致被保险人财产受到损失或人身生命受到损害时，保险公司就需要按照合同规定给付保险金。在发生保险事故后，保险公司并不会主动给付保险金，需要被保险人提出索赔请求，这一行为便是保险理赔。

保险理赔的方式主要有两种，分别为赔偿和给付，两种理赔方式的具体内容如下。

◆ 赔偿主要针对财产保险，保险公司会根据保险财产出险时的受损情况来对被保险人的损失进行赔偿。

◆ 由于人身保险是以人的身体和生命为保险标的，因此无法用金钱衡量，所以针对人身保险采取给付的理赔方式，即支付保险金给被保险人或受益人。

被保险人或受益人想要获得保险公司的理赔，需要按照一定的理赔流程提交相关资料，待保险公司审核通过后才能获得保险合同约定的赔付。保险理赔的一般流程如图 1-8 所示。

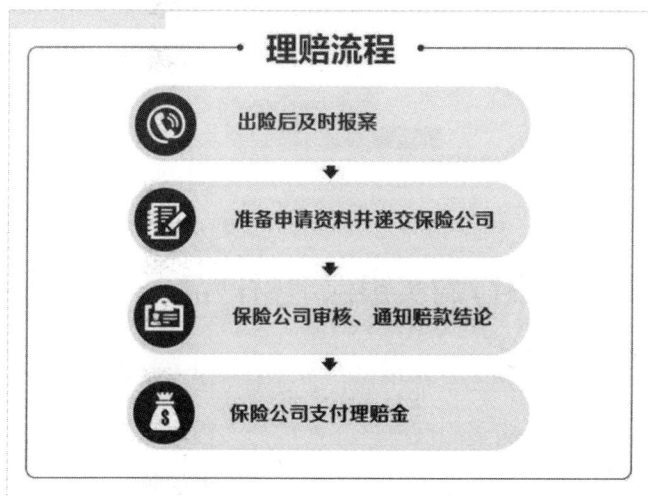

图 1-8　保险理赔一般流程

从图 1-8 可以看出保险理赔的第一步应是出险后及时报案，这是因为由于保险的索赔一般有一定的时效限制，因此在发生保险事故后，应及时通知保险公司，并提出索赔请求，这一点对机动车投保人来说更为重要。

在向保险公司及时报案并提出理赔申请后，还需提交相关的资料，根据保险金种类的不同，需要提交的资料是不同的。比如，住院医疗理赔通常需要提供发票、病历和其他就医材料，而因交通意外事故死亡进行理赔时，通常需要死亡证明书和交通意外责任认定书等。

1.4 保险理财产品的购买渠道

> 随着保险的发展，保险公司的销售渠道呈现出多元化的特点，这也意味着投保人购买保险有了更多可以选择的途径。而面对眼花缭乱的保险购买渠道，许多投保人犯了难，到底应该如何选择呢？下面就常见的保险购买渠道进行介绍，帮助投保人选择适合自己的渠道。

1. 直接在银行购买银保理财产品

银行作为大众熟知的金融机构，通过银行渠道进行保险理财可能更让投保人放心。在银行购买的保险产品被称为"银保产品"，它体现出了银行与保险公司强强联手的特点，那么在银行投资保险有什么好处呢？具体内容如下。

◆ **品种多**：银行提供的保险产品种类丰富，并且有很多精选优质的保险产品，能够满足不同人的保险需求。

◆ **提供更多便捷服务**：银行的金融服务体系相较于其他金融机构更加完善，能够提供更多便捷的金融服务。

◆ **购买方便**：银行提供了柜台、网上银行和电子银行等多种购买渠道，投保人只需办理简单的手续即可成功购买，比如在建设银行购买保险产品只需简单的 3 步即可投保成功，如图 1-9 所示。

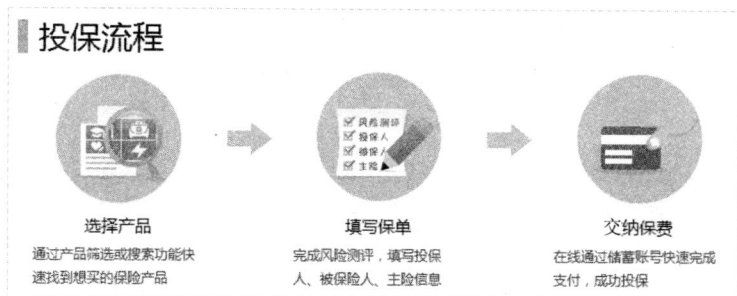

图 1-9　建设银行投保流程

通过网上银行或手机银行购买保险产品可以实现足不出户投保，下面就以建设银行网上银行为例，看看如何在网上银行快捷购买保险。

Step01　进入建设银行官方网站首页（http://www.ccb.com/），单击"登录"按钮，进入登录页面输入用户名或证件号码、登录密码，单击"登录"按钮。

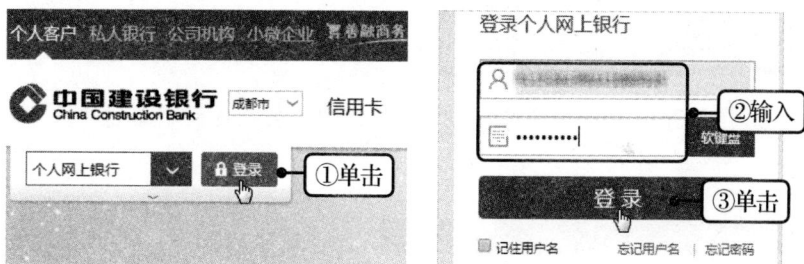

Step02　登录个人网上银行首页后，在"投资理财"下拉列表的"保险"栏中选择"保险首页"选项。

Step03　进入"保险超市"页面，选择保险产品，比如单击"泰康万里无忧 B 款两全保险"栏中的"投保"按钮。

☐ 富德生命固鑫C款年金保险	富德生命人寿	年金险	期缴	138 ★★★★★	投保
☐ 太平财富稳盈两全保险	太平人寿	寿险	其他	72 ★★★★★	投保
☐ 天安人寿建安1号年金保险	天安人寿	年金险	期缴	233 ★★★★★	投保
☐ 泰康万里无忧B款两全保险	泰康人寿	意外险	其他	21 〔单击〕	投保
☐ 人保寿险鑫利年金保险（B款）	人保寿险	年金险	期缴	4	投保

Step04 在打开的对话框中单击"风险评估"按钮，根据自身真实情况回答风险测试问题，单击"提交"按钮，完成风险评估。

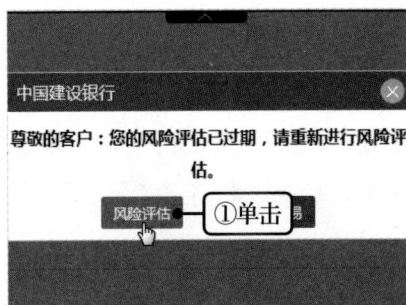

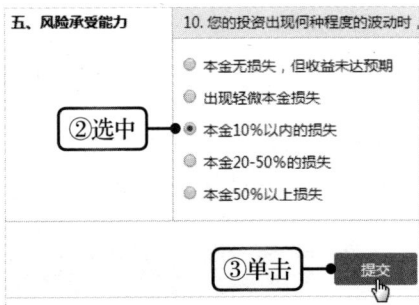

Step05 在打开的对话框中单击"确定"按钮，在新页面中单击"保险超市"按钮。

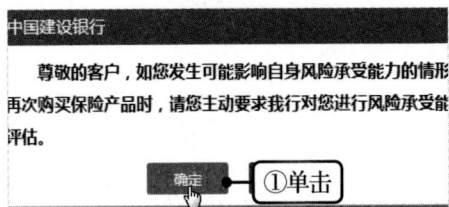

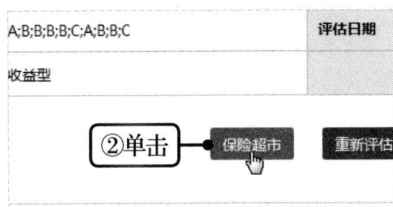

Step06 单击"泰康万里无忧 B 款两全保险"栏中的"投保"按钮。

☐ 天安人寿建安1号年金保险	天安人寿	年金险	期缴	233 ★★★★★	投保
☐ 泰康万里无忧B款两全保险	泰康人寿	意外险	其他	21 〔单击〕	投保
☐ 人保寿险鑫利年金保险（B款）	人保寿险	年金险	期缴	4	投保

Step07 进入填写保单信息页面，选中本人已阅读复选框，选择提供产品的分支机构，填写投保人信息、被保人信息和主险信息。

Step08 选择授权代收和代扣账户，选中我已认真阅读复选框，单击"下一步"按钮。

Step09 进入"确认保单"信息页面，单击"提交"按钮，最后完成在线支付即可成功投保。

【提示注意】

通过个人网上银行购买保险，如果未在个人网上银行进行过风险评估，或风险评估已过期，那么在购买时需要重新进行风险测试，反之，则不需要进行风险评估。

银行提供的保险产品大多数为理财型保险，保障功能较弱，极少部分为纯保障型保险，因此银行是想要获得"保障＋收益"投资者的好去处。

2．网上第三方平台快速购险

保险公司与有成熟技术的第三方网站平台进行合作，以此形成了网上第三方保险销售平台，第三方平台将保险需求方和供给方的信息聚集起来，撮合双方完成交易。第三方平台之所以能够受到保险需求者的喜爱，主要是因为其能够提供更加个性化的服务，比如"货比三家"和"按需定制"等服务。

目前，提供保险购买服务的第三方平台既有专业的保险电子商务平台，比如慧择网和向日葵保险网等，又有各大旅游网站，比如去哪儿网，还有各大理财网站，比如理财通、陆金所等。另外，各大电商平台及支付平台也提供了保险购买服务，如京东和支付宝等。

丰富的购险渠道为投保人提供了更多的选择，在选择这些第三方平台网上购险时，投保人要格外注意审慎平台资质，可根据以下几点来选择合规的第三方平台。

◆ **是否有全国资质**：有些第三方平台仅有地区性兼业代理资质，这类网站的安全系数较低，投保人在选择时最好选择具有全国销售资质的平台。

◆ **是否有网站销售资质**：根据《互联网保险业务监管暂行办法》规

定，第三方网络平台需满足取得保险业务经营资格，完成网站备案，具有安全可靠的互联网运营系统和信息安全管理体系等条件，才能开展互联网保险业务。

◆ **产品是否真实：**第三方平台销售的保险产品都是保险公司提供的，因此可以到保险公司查验产品真伪，以判断平台是否合规。

◆ **支付是否安全：**网上购买保险通常都是在线支付，如果在支付时出现问题，或者网站被标记为钓鱼网站和危险网站等，投保人就要考究其安全性。

在选择第三方平台时，投保人选择自己熟知的或者知名度较高的平台。在第三方平台提供的手机客户端中购买保险是很方便快捷的，下面我们以在微信理财通中购买保险理财产品为例，看看如何操作。

Step01 进入手机微信客户端，登录个人账号，点击"我"按钮，在打开的页面中点击"钱包"按钮。

Step02 进入"我的钱包"页面，点击"理财通"按钮，在打开的页面中点击"保险理财"按钮。

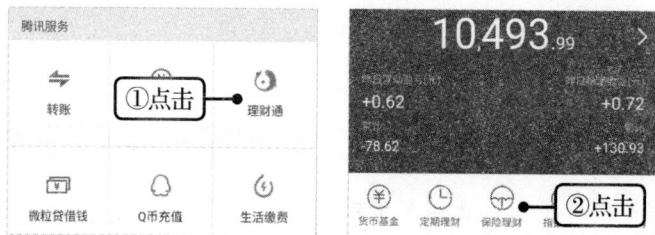

Step03 进入"保险理财"页面，选择要购买的保险理财产品，比如点击"太平养老颐养太平1号"超链接。在打开的页面中阅读"首次买入保险理财

须知"，阅读完成后点击"×"按钮

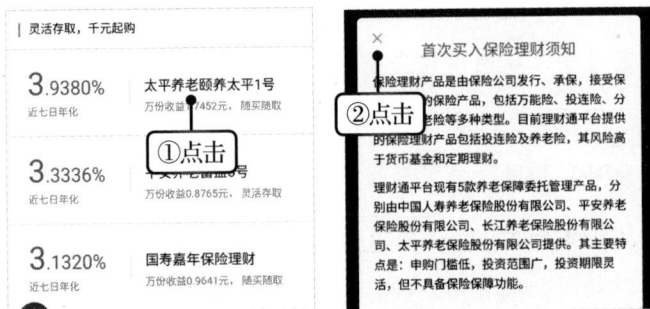

Step04 在打开的页面中了解产品详情，包括目前的收益情况、交易规则和风险提示等，再点击"买入"按钮。

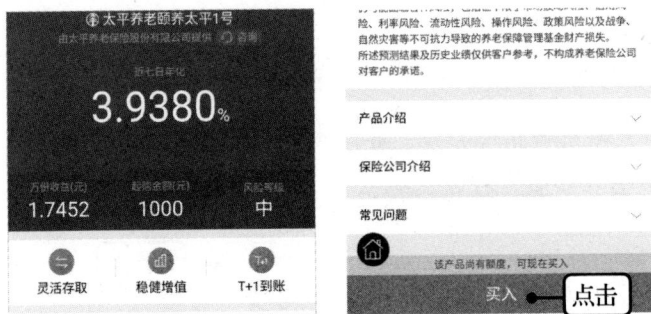

Step05 进入购买页面，输入购买金额，选择支付方式，这里选择银行卡支付，选中"同意服务协议及风险提示"复选框，点击"买入"按钮。

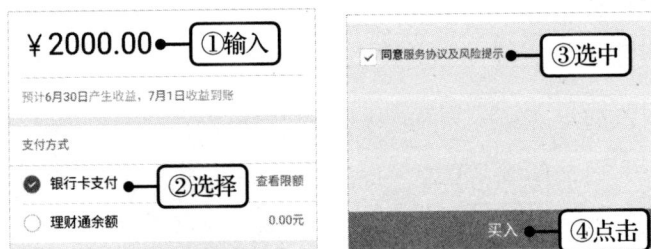

Step06 进入支付页面，选择支付银行卡，在手机软键盘中通过点击数字输入支付密码后即可完成购买。

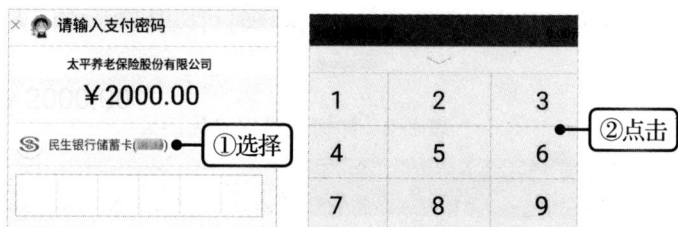

3．通过保险代理人购买

据资料显示，截至 2015 年 11 月，保险从业人员队伍已接近 600 万人，其中保险代理人队伍达到 505 万人，与 2014 年年底相比增长近 180 万人。

在办理保险业务的过程中，保险代理人起着重要的作用，他们不仅为保险公司销售保险产品，同时也为投保人提供保险咨询服务。对投保人来说，通过保险代理人购买保险具有以下好处。

◆ **帮助进行保险理财规划**：普通投保人由于对保险产品及其相关保险专业知识了解不够深入，常常不能很好地进行保险理财规划，而代理人具备专业知识，熟知保险产品的用途和限制范围，能够针对不同年龄、家庭和职业的客户提供不同的保险产品组合，帮助其更好地进行保险理财规划。

◆ **提供有效服务**：代理人会积极地帮助投保人解决投保过程中遇到的困难，解答投保人的疑问。

◆ **解决购险麻烦**：普通投保人在投保时对保险合同条款、保费交纳方式、投保限制条件和存在的风险可能并不是特别了解或不太在意，而专业的代理人会提醒投保人注意这些重要事项，避免后期出现购险或理赔麻烦。

虽然代理人能为投保人带来上述好处，但并不是所有的代理人都是合格的代理人，不合格的代理人常常会让投保人"误入歧途"。因此，选择

一个好的保险代理人是很重要的，在选择时可以从以下方面入手，如表1-2
所示。

表1-2　如何选择保险代理人

选择要点	内容
专业知识	合格的保险代理人都具备保险专业知识，熟知保险条款及相关法律法规，能够运用专业知识为投保人提供专业的保险理财意见，如果代理人不能从实际出发为投保人规划保险，只是一味地推销相关产品，表现得急功近利，那么这类代理人可能并不合适
服务意识	合格保险代理人能为投保人提供良好的服务，及时提醒投保人续交保费，讲清保险条款，并耐心为投保人解答各种疑问，如果投保人在询问某一疑问时，代理人不能进行解答或者不愿意进行解答，那么这样的代理人工作能力和职业操守就值得怀疑
个人品质	合格的代理人讲诚信，有责任心和敬业精神，不会马马虎虎地就让投保人签订保险合同，而会协助投保人做好投保各方面的工作
工作时间	在选择代理人时可选择从业时间更长的代理人，因为他们的业务技能更加娴熟，能更好地帮助投保人购买保险产品服务

4．通过保险公司购买

保险公司是保险产品的直销机构，通过保险公司购买保险既可以在线下购买，也可以在保险公司的网上商城购买。图1-10所示为平安保险网上商城首页。

图1-10　平安保险网上商城首页

投保人可以根据保险分类快速找到满足个人需求的保险产品，直接在保险公司投保，这样既方便又快捷。而对投保人来说，选择合适的保险公司就比较重要了，那么应该如何选择保险公司呢？主要有以下几点。

◆ **考虑公司类型**：不同类型的保险公司经营范围和组织形式会有所不同，有财产保险公司、人身保险公司和汽车保险公司等，投保人可根据个人需求选择不同专业程度的保险公司。目前，大部分保险公司提供的产品都不再单一，种类很丰富，但不同公司产品的设计会有差别，此时，要选择能为自己提供恰当保障的公司。

◆ **考虑公司实力和规模**：购买保险以后可能会遇到赔付和投资收益等问题，保险公司的实力、规模和营业能力影响其赔付能力和投资能力，因此在选择时最好选择知名度高、实力强的保险公司。

◆ **服务质量**：大部分保险产品的交费期限和保险期间都较长，保险公司的服务水平很大程度上决定着保单确认是否快速、理赔是否高效，因此选择一个服务质量好的公司是很有必要的，考察保险公司服务水平可从保险营销员和客服的服务行为等方面入手。

目前，比较知名且实力强的保险公司有中国人寿、中国平安、太平洋保险、泰康人寿、新华保险、阳光保险和安邦保险等。

5．通过电话购险

可能不少人都接到过保险电销人员打来的电话，电话销售是保险公司销售产品的重要渠道，对于没有保险需求的人来说，这类电话可能只是普通的推销电话，而对于有购险需求的人来说，这就是了解保险产品及其购买保险的渠道之一。

除了通过电销人员主动联系购买保险外，投保人也可拨打保险公司的销售电话进行咨询和投保。另外，也可以在保险公司官方网站上主动留下电话号码等待保险销售人员联系，再完成保险购买。

通过电话购买保险是有一定限制的，并不是所有的保险产品都可以通过电话进行购买，其中车险是电话投保热门产品之一，另外，一些简单核保的意外险、健康险及重疾险等也较常见。

电话投保可以省去代理机构和第三方平台等中介机构，使得保险公司能够真正让利给投保人，享受到基本费率的优惠，因此电话投保有时比普通投保更便宜。

电话投保省时、省力，流程简单，因此受到了越来越多人的喜爱。下面就以车险电话投保为例来看看电话投保的具体流程，如图1-11所示。

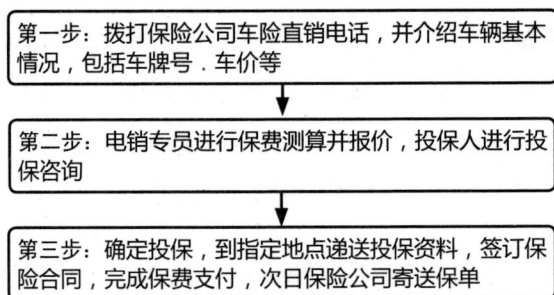

第一步：拨打保险公司车险直销电话，并介绍车辆基本情况，包括车牌号．车价等

第二步：电销专员进行保费测算并报价，投保人进行投保咨询

第三步：确定投保，到指定地点递送投保资料，签订保险合同，完成保费支付，次日保险公司寄送保单

图1-11　车险电话投保流程

针对车险这一保险产品，部分保险公司不仅提供了电话投保服务，还提供了电话直赔服务，让投保和理赔都变得更加简单，图1-12所示为平安车险电话理赔流程。

拨打95511电话报案　　上传事故损失照片　　确认损失赔款到账

图1-12　平安车险电话理赔流程

.02

PART.

認识社保
的好处

如何使用
五险一金

用社保卡进
行理财

学会利用社保来理财

如今，社保已经是一个耳熟能详的词汇了，作为社会保障制度的重要组成部分，它能为社会成员提供必要的基本保障，国家法律规定用人单位必须为在职员工交纳社会保险。那么社保具体应该怎么交纳？对参保人来说社保卡可以用于理财吗？本章就一起来认识和了解社保和社保卡理财。

2.1 聊聊缴纳社保对财富积累的好处

> 虽然大多数人对社保都不陌生，但仍有数以万计的人弃缴纳社保，甚至有人在参保后，要求退回保险费，归咎其原因主要是对社保不够了解，不清楚社保也对财富积累有好处。

社保保险制度一直是热门话题，权威数据显示，截至 2015 年年底，全国养老保险参保人数达 8.58 亿人，其中，城乡居民基本养老保险参保人数达 5.05 亿人，职工基本养老保险参保人数达 3.53 亿人。

数据表明，参加养老保险的人数在增加，人们的社保意识也在加强，但是弃保的行为仍然存在，仅 2013 年就有 3800 万人弃保，部分人没有参保的原因很复杂，既即有企业希望降低人力成本，又有职工希望得到更多工资而自愿放弃，还有人是因为认为参保不划算而拒绝。

对个人而言，社保是不可少的，它是每个人一生最基本的保障，下面就一起来认识参保社保的好处，帮助我们正确认识社保的理财价值。

1. 提供保障，节省所得税

社保作为社会保障的重要组成部分必然有其存在的理由，它具有稳定社会生活、再分配和促进社会经济发展的功能，对个人而言缴纳社保有以下好处。

◆ **为个人提供最基本保障**：社保的保险标的是劳动者的人身，意味着参保能够为自己提供最重要的人身安全保障。

◆ **领取养老金**：当我们年老时不可能把所有的重担都交给子女，缴纳社保可在退休时按月领取养老金，这样就为自己，同时也为子女减轻了养老负担。

◆ **医疗费用有报销**：看病贵是摆在老百姓面前很现实的问题，看病的花费会造成较大的经济负担，缴纳社保可到指定药店或门诊报销医疗费。

◆ **领取个人账户储存额**：在参保期间因工伤残退、出境定居或身故的，或达到法定退休年龄、累计缴费年限未达到享受长期养老金条件的，可一次性领取个人账户储存额。

除上述好处外，社保还可以帮助我们少缴税。2016 年最新个税起征点为 3500 元，意味着个人工资超过 3500 元的部分就需要按照一定的税率缴纳一定的个人所得税，而个人工资收入是在扣除社保和公积金以后才开始计税，下面来看看社保是如何让个人少缴税的：

以个人月工资 5000 元为例，在未缴纳社保前全月应缴个人所得税额为 5000 − 3500=1500（元），按照 3% 税率计算应缴个人所得税，那么需缴纳的个人所得税为 1500×3%=45（元）。

在缴纳社保的情况下，全月应纳税所得额 ＝（应发工资－社保）－3500，以成都市为例，按照 2016 年 6 月最新社保缴纳比例计算，在不缴纳公积金的情况下，5000 元工资个人需缴纳 550 元社保，这样就可以省下 550×3%=16.5（元）。如果缴纳公积金，那么还可以省下更多个人所得税。

2. 社保提供了哪些待遇

社保提供的待遇包括 5 个方面，生育保险待遇、工伤保险待遇、失业保险待遇、医疗保险待遇和养老保险待遇。下面来看看参保人是如何享受这 5 方面待遇的。

■ 生育保险待遇

生育保险待遇指参保女职工因生育而离开工作岗位期间，可享受到一定的费用补贴。然而，并不是所有的参保人都可享受到生育保险待遇，通常要满足以下前置条件。

◆ 符合生育法律、法规。

◆ 生育月前 12 个月已按规定连续不间断地足额缴纳生育保险费。

符合享受生育保险待遇的参保人，可获得生育医疗费用和生育津贴，不同地区医疗费用和津贴待遇会有所不同，以成都市为例，生育医疗费的具体标准如下。

（1）妊娠满 7 个月施行剖宫生产或剖宫流产，3000 元。

（2）妊娠满 7 个月生产或流产，2000 元。

（3）妊娠满 3 个月不满 7 个月生产或流产，1000 元。

（4）妊娠不满 3 个月流产，300 元。

（5）多胞胎生育，每多生产一个婴儿增加 400 元。

生育津贴的计算标准为：女职工本人生育当月的交费基数 ÷30（天）× 产假天数。

■ 工伤保险待遇

根据《工伤保险条例》规定，职工因工作遭受事故伤害或者患职业病，进行治疗时可享受工伤保险待遇，部分待遇内容如下。

（1）职工住院治疗工伤的伙食补助费，到统筹地区以外就医所需的交通和食宿费从工伤保险基金支付。

（2）工伤职工到签订服务协议的医疗机构进行工伤康复的费用，符合规定的，从工伤保险基金支付。

（3）需要暂停工作接受工伤医疗的，在停工留薪期内，原工资福利待遇不变，由所在单位按月支付。

（4）因日常生活或就业需要，安装假肢、矫形器、假眼、假牙和配置轮椅等辅助器具，所需费用按照国家规定的标准从工伤保险基金支付。

（5）工伤职工已经评定伤残等级并经劳动能力鉴定委员会确认需要生活护理的，从工伤保险基金按月支付生活护理费。

■ 失业保险待遇

失业保险待遇针对因失业而暂时中断生活来源的劳动者，待遇内容主要涉及以下几方面。

◆ **失业保险金**：对符合条件的失业者支付的生活费，是失业者最基本的失业保险待遇。

◆ **医疗补助金**：在领取失业保险金期间对患病就医的医疗费给予一定的补助。

◆ **丧葬补助金和抚恤金**：在领取失业保险金期间失业者死亡，可领取丧葬补助金及其供养的配偶和直系亲属的抚恤金。

◆ **其他费用**：失业期间进行职业培训，可领取因职业培训花费的路费、住宿费和培训费等。

■ 医疗和养老保险待遇

医疗保险待遇指对参保职工因疾病支付医疗费用所造成的经济损失给予一定的补偿。医疗保险待遇主要内容有以下几个方面。

◆ **医疗期待遇**：医疗期的长度根据职工本人工龄和单位工龄分档次确定，最短不少于3个月，最长一般不超过24个月，对于难以治疗的疾病，经医疗机构提出和本人申请，劳动行政部门批准后，可适当延长医疗期。

◆ **疾病津贴**：职工患病或非因工负伤，停止工作满 1 个月以上的，停发工资，由用人单位按其工龄长短给付相当于本人工资一定比例的疾病津贴，通常不得低于当地最低工资标准的 80%。

◆ **医疗待遇**：规定范围内的药品费用、检查费用、治疗费用和住院费用等，可给予一定比例的补足，但一般要求在定点医院就医。

养老保险待遇指职工离休、退休后，为保证其基本生活水平而给予的物质帮助。这一物质帮助主要指养老金，只要被保险人经社保经办机构核准，达到法定退休年龄，即可按月领取基本养老金，直至死亡。

3．五险一金算笔账

五险一金是用人单位给予劳动者的几种保障性待遇的合称，五险一金的缴费标准为单位缴一部分，个人缴一部分。要清楚单位和个人分别要缴纳多少五险一金，就要清楚社保缴费基数。

社保缴费基数的上调和下调都会影响职工的工资收入，如果基数上调，但职工工资未发生变化，那么职工拿到手的工资就会变少。2016 年 6 月，各地陆续阶段性调整社保缴费基数，此次调整主要为下调养老和工伤等保险和单位缴费比例，一方面在一定程度上降低了企业成本，但另一方面会增加低收入职工群体的社保缴费负担。

社保基数调整后，职工最关心的莫过于自己的工资要拿出多少来缴纳五险一金，而单位又应该缴多少。要了解到底要缴多少五险一金可以使用五险一金的计算器来计算，下面就以银率网五险一金计算器为例，看看如何简单计算五险一金。

Step01 进入银率网首页（http://www.yinhang.com/），选择"智慧理财"选项卡，在"理财计算器"栏中单击"税后工资"按钮。

Step02 在打开的页面中选择"五险一金"选项卡。

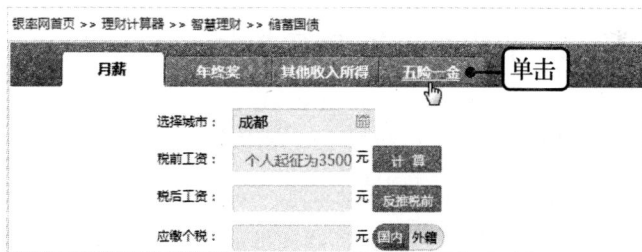

Step03 在打开的页面中选择所在城市，输入上一年月均收入，单击"计算"按钮即可计算出社保与公积金缴费明细。

社保与公积金缴费明细(可调整参数)

缴纳项目	个人比例		单位比例		(单位：元)
养老	8 %	280.00	20 %	700.00	
医疗	2 %	70.00	7.5 %	262.50	
失业	0.5 %	17.50	1.5 %	52.50	
工伤			0.6 %	21.00	
生育			0.6 %	21.00	
公积金	6 %	210.00	6 %	210.00	
合计	个人缴纳：	577.50	单位缴纳：	1267.00	

通过五险一金计算器可以帮助我们弄清五险一金的缴费金额，了解公

司的基本福利状况和个人合法权益。五险一金计算器也是根据当地社保基数计算得出的缴费金额明细，如果要查看当地的社保最新基数及社保缴纳最低值和最高值，可到当地社会保障局的官方网站上查看。

【提示注意】

根据国家和地方的社会保险法津法规，城镇职工类社会保险的缴费基数以职工本人上一年月平均工资作为缴纳社会保险费的参考依据，但社会保险费的缴费基数不得低于社保局每年公布的最低值，同时不得高于最高值。

4. 退休后可以领取多少养老金

退休生活规划是人生理财规划中一项重要的规划，对于参保人员来说，按规定逐年缴纳社保并达到法定退休年龄后，即可领取养老金。养老金作为晚年生活的重要保障，退休了到底能领到多少养老金，是我们最为关心的问题。

由于各地的收入水平有差距，而故养老金是以本人各年度缴费工资、缴费年限和待遇取得地对应的各年度在岗职工平均工资计算出来的，所以养老金的计算公式为

$$养老金 = 基础养老金 + 个人账户养老金$$

其中基础养老金计算公式为

$$基础养老金 = （参保人员退休时上一年度当地职工月平均工资 + 本人指数化月平均缴费工资）÷ 2 × 个人累计缴费年限 × 1\%$$

个人账户养老金计算公式为

$$个人账户养老金 = 个人账户储存额 ÷ 计发月数$$

$$计发月数 ≈ （人口平均寿命 - 退休年龄）× 12$$

养老金计算公式能够帮助我们了解养老金的计算标准，在实际计算过程中，我们可以使用社保养老金计算器来预测退休后能领到多少养老金，比如使用平安一账通提供的城镇职工社保养老金计算器，只需进入计算器页面（http://one.pingan.com/pinganone/financial_tools/shebaojsq.html），输入相关数据，单击"计算"按钮即可预测出退休后大致能拿到多少养老金，如图 2-1 所示。

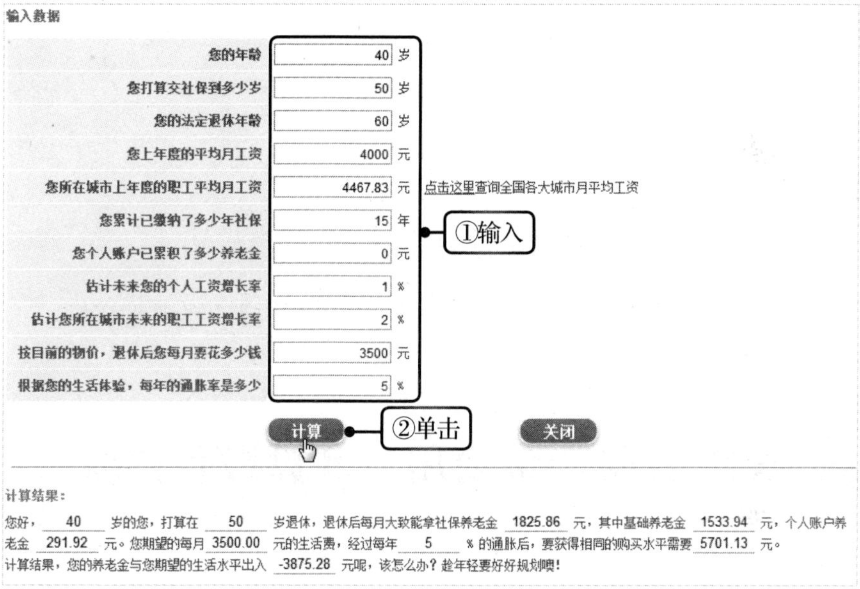

图 2-1　平安一账通养老金计算器

5.社保如何缴纳才划算

我们已经清楚了社保的作用和缴费金额的计算方式，关于社保应该如何交才划算可能还不太了解，下面就一起来看看如何缴纳社保才划算。

◆ **有单位，由单位交**：对有单位的职工来说，单位主动为其缴纳社保并参保是最划算的，因为单位会为其承担大部分的费用，并且费用比例能够多缴就多缴，因为能更充分地享受社保福利，如果单位不缴社保，员工一定要维护自己的合法权益。

◆ **灵活就业人员：** 对灵活就业人员来说，是以个人身份参加社保，由于社保由个人全额缴纳，因此只需缴纳养老保险和医疗保险。

灵活就业人员要参保需要个人携带相关资料到当地社保经办机构办理参保手续，通常需要携带的资料如下。

（1）个人身份证件原件及复印件 1 份。

（2）户口簿原件及复印件 1 份。

（3）个人银行卡账号，用于扣款。

（4）外地户籍人员通常还需要提供《居住证》。

（5）《灵活就业证明》以及当地社保经办机构需要的其他资料。

2.2 五险一金会用，才算没有白缴

大多数参保人员在缴纳社保后都不清楚该如何使用自己的五险一金，使得个人白白浪费了自己可以享受到的福利，下面就来看看五险一金应该如何运用。

1. 查询你的社保缴费记录

许多参保人都按时缴纳社保，当缴纳一定时间后，再问及是什么时候开始缴纳社保的，却不清楚了。我们都知道，社保缴纳 15 年后就可不再缴纳，因此清楚个人社保缴纳的起始年份是很重要的。另外，查询社保的缴费记录也可以了解单位是否按时为自己缴纳了社保，这些都关系着参保人的切身利益。

查询社保缴费明细的方式主要有三种：第一种是携带个人身份证或社保卡原件到当地的社保经办机构查询；每二种是拨打"12333"劳动保障综合服务电话进行查询；第三种是网上自助查询。

网上自助查询通常只需进入当地人力资源与社会保障局官方网站，输入社保编号和密码即可查询，下面就以在成都市人力资源与社会保障局官方网站上查询社保缴费明细为例，看看具体的操作步骤。

Step01　进入成都市人力资源与社会保障局官方网站（http://www.cdhrss.gov.cn/），单击"社保电子证明查询打印"按钮，在打开的页面中输入社保编号、密码和验证码，单击"登录"按钮。

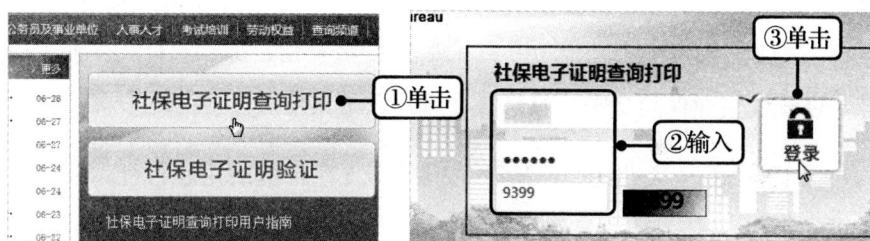

Step02　在打开的页面中即可查看到最新社保缴纳情况。

序号	险种类型	参保单位编号	参保单位名称	参保状态	初次参保日期	人员缴费类别	参保经办机构	缴费信息	账户信息
					温馨提示：请点击"查看明细"查看各险种的详细信息。				
1	基本养老保险	319023	有限公司成 都分公司	参保缴费	2015-05-25	城镇职工缴费比例		查看明细	查看
2	失业保险	319023	有限公司成 都分公司	参保缴费	2015-05-25	城镇职工缴费比例		查看明细	无信息
3	基本医疗保险	319023	有限公司成 都分公司	参保缴费	2015-05-25	城镇职工缴费比例		查看明细	查看
4	工伤保险	319023	有限公司成 都分公司	参保缴费	2015-05-25	城镇职工缴费比例		查看明细	无信息
5	生育保险	319023	有限公司成 都分公司	参保缴费	2015-05-25	城镇职工缴费比例		查看明细	无信息
6	大病医疗补充保险	319023	有限公司成 都分公司	参保缴费	2015-05-25	城镇职工缴费比例		查看明细	无信息

Step03 要查看各险种的缴费明细，则单击对应险种的"查看明细"超链接，在页面左侧还可以进行医疗账户消费明细和生育待遇查询等操作，只需单击其对应按钮即可。

2．申领你的失业保险金

失业保险金是对失业人员的一种临时经济补偿，那么怎样的失业人员才可以领取失业保险金呢？具体需要满足以下条件。

（1）已参加失业保险，所在单位和本人已按照规定履行社保缴费义务满一年的；

（2）非本人意愿中断就业的。

（3）按规定办理失业登记，并有求职要求的。

满足以上三点要求即可申请领取失业保险金，在申请失业保险金时需要提供申请资料，具体如下。

（1）本人身份证明。

（2）用人单位出具的终止或者解除劳动合同的证明。

（3）《劳动合同》复印件或能证明劳动关系的相关材料。

（4）失业人员在失业保险经办机构指定银行开具的个人银行账号。

失业人员需在解除劳动关系 60 日内，持相关资料到社保经办机构办理失业登记和申领失业保险金的手续，失业保险经办机构进行审核，符合条件的，告知经办人，并纳入次月发放计划。审核不符合条件的，说明具体原因。

符合领取失业保险金条件的失业人员，在办理完成申领手续后，可在次月开始按月领取失业保险金。

3．离职后社保要妥善处理

大多数参保人在离职后对社保的处理方法通常都是"不管不问"，实际上，这样的做法并不正确。

离职后单位首先会为离职员工办理社保参保人员减少手续，社保经办机构在审核资料以后会进行暂停参保处理，此时，我们的社保将处于停缴状态。许多参保人可能会有疑问，停缴社保对个人来说有什么影响呢？具体有以下几点。

◆ 医保停缴会影响住院医疗费报销，只有在在保状态才可以享有医保待遇，部分城市规定中断时到补缴时超过 3 个月，医疗保险的缴纳年限清零，将会被重新计算缴纳年限，参保人需再次连续不间断缴费满 12 个月之后才能再次享有医疗报销待遇。

◆ 社保停缴会影响养老保险的缴纳年限，社保中断期间是不会计算工龄的。

◆ 社保停缴会影响购房资格，许多城市要求在当地缴纳社保满一年后才享有购房资格，社保中断会影响资格认定，且补缴无效。另外，未办理停保的参保人员，经办机构通常还会要求其缴纳滞纳金。

另外，工伤保险待遇和失业保险待遇在断保后通常也不再享受。所以辞职后社保的正确处理方法是及时办理停保手续，若未及时到其他单位参加工作，则办理个体续保手续；若已到新单位工作，那么需及时向新单位提交社保卡号，由新单位继续缴纳社保。

4．进行社保费用报销

社保费用报销主要针对医保报销，医保报销的范围有一些限制。根据社会保险法规定，符合基本医疗保险药品目录、诊疗项目、医疗服务设施标准及急诊、抢救的医疗费用，按照国家规定从基本医疗保险基金中支付。也就是说，只有在报销范围内的医保才能报销，而基本保险不予报销的部分项目有以下几种。

（1）挂号费、院外会诊费和病历工本费等。

（2）出诊费、检查治疗加急费、点名手术附加费、优质优价费及自请特别护士等特需医疗服务。

（3）各种美容、健美项及非功能性整容、矫形手术等。

（4）各种减肥、增胖和增高项目。

（5）各种健康体检。

（6）各种预防、保健性的诊疗项目。

（7）各种医疗咨询、医疗鉴定。

（8）各种美容、矫形手术和牙科整畸等。

参保人要进行医保报销，需到医保定点医院就医，在就医时出具身份证和社保卡（部分地区仍使用医保卡，目前许多地区已陆续停用医保卡，实行社保卡"一卡通"），出院时携身份证、社保卡、医院开具的住院发票、明细清单和病历等报销材料，到医院的医保结算处办理报销。

2.3 你不知道的社保卡理财

> 许多人在使用社保卡时，并不知道社保卡也能理财。随着第二代社保卡的升级，社保卡具有了更多功能，其包括信息查询、医疗费用结算、社保缴纳及银行借记卡功能等。

中华人民共和国人力资源和社会保障部关于加快推进社会保障卡应用的意见（人社部发〔2014〕52 号）表明，社会保障卡将进一步拓展其应用功能，以充分发挥其在标准统一和功能兼容方面的优势，重点开发六项基本功能。

（1）电子凭证功能。将社会保障卡作为持卡人办理就业登记、失业登记、参保登记、工伤认定、职业培训和技能鉴定等人力资源和社会保障业务，享受各项就业扶持政策和就业服务、社保服务及人才服务的主要电子身份凭证。

（2）信息记录功能。在社会保障卡内或相关后台系统记录个人基本信息、人力资源和社会保障关键业务信息，形成电子形式的证件副本。

（3）自助查询功能。通过社会保障卡在自助服务一体机或其他服务渠道连接后台系统，方便持卡人查询个人的人力资源和社会保障权益信息及办理相关业务。

（4）就医结算功能。通过社会保障卡实现本地和跨地的医疗保险、工伤保险及生育保险医疗费即时结算，支持挂号、诊疗、妊娠登记、住院登记和购药等就医过程的信息服务，实现就医一卡通。

（5）缴费和待遇领取功能。通过社会保障卡的银行账户实现各类缴费和待遇领取，包括个人各项社会保险缴费、人事人才考试缴费、各项社会保险定期待遇和一次性待遇领取、报销费用领取、就业扶持政策补贴资金领取、重点行业（企业）农民工工资领取等。

（6）金融支付功能。通过社会保障卡的银行账户办理存取款、转账和代收代付等业务。

目前，各地持有的第一代医保卡也正逐步更换为金融社保卡，社保卡持卡人将逐步用上加载金融功能的社保卡。据资料显示，2016年全国80%以上的社保卡已经加载了金融功能，这使得社保卡作为理财工具成为可能。另外，"互联网＋社保卡"应用服务模式也处于被探索中。

1．社保IC卡，理财消费两不误

金融社保卡（或称社保金融IC卡）是集社会保障卡和金融功能于一身的银行卡，该卡持卡人享有社会保障和公共就业服务权益的电子凭证，其在具有信息记录、信息查询和业务办理等社会保障卡基本功能的同时，也可作为普通银行卡使用，具有现金存取、转账和消费等金融功能。

在社保金融卡中有两个账户，即银行账户和社保账户，银行账户可用作借记卡，卡内的资金由银行管理，可用于存款生息和投资理财；社保账户可用于办理各种社保业务。

目前，部分地区已对社保卡进行升级，将社保发卡服务交给银行办理，如果所在地可以办理金融社保卡，那么参保人员可到所在地的符合发卡要求的合作银行进行办理，至于所在地银行是否已经可以办理金融社保卡，具体可咨询社保经办机构。

作为金融社保卡的持卡人，应该如何利用该卡来理财呢？下面来看一个案例。

王先生是一名社保参保人，目前已达法定退休年龄，每月可领取养老保险金1500元左右，有理财意识的王先生决定利用手中的金融社保卡进行理财。

由于各大银行针对金融社保卡客户都纷纷推出了社保卡专属理财产品，于是王先生选择了中国工商银行"工银财富"70天稳利人民币（金融社保卡激活客户专属）理财产品，这款理财产品风险水平很低，具有"随时购买"和"自动再投"的特点。首次购买成功后，即可以1000元起点进行购买。

王先生在首次购买后，便利用金融社保卡中的养老保险金来自动再投资，该款产品的投资期限较短，投资周期日结束后次日资金即到账，能保证及时取出投资本金和收益来满足日常生活开支，使得资金利用更有效。

除了可以像上述案例中的王先生一样利用金融社保卡来购买理财产品，实现资金增值外，还可以利用该卡给钱包减负。这是因为社保卡与普通借记卡相比少了跨行取款手续费、开卡费、年费、小额账户管理费和短信对账费五项费用。

在拥有多张银行卡的情况下，卡的管理会存在多种不便，将资金集中到社保卡账户内，办理定期存款、基金及股票等投资理财业务也更方便。

2. 就医这样使用社保卡最划算

使用社保卡持卡就医可进行费用报销，但是报销却是有讲究的，因为去不同的医院就医，报销比例是不同的。

不同地区医保报销比例有其相应的标准，以成都市为例，2016年成都居民医疗保险报销标准如图2-2所示。

险种	医院等级	起付标准（元）	报销比例（%）			
			一档	二档	三档	学生儿童
居民医疗保险	一级医院/社区卫生服务中心	100	60	80	85	80
	二级医院	200	55	65	80	65
	三级医院	500	35	50	65	50
	乡镇卫生院	50	65	90	90	90
备注：	1、市外转诊的起付标准为1000元。 2、门诊支付比例为60%，一个自然年度累计门诊限额200元。					

图 2-2 2016 年成都居民医疗保险报销标准

2016 年成都职工医疗保险住院报销比例如图 2-3 所示。

险种	医院等级	起付线（元）	报销比例（%）	备注
职工医疗保险	一级医院	200	92	在上述基础上，年满50周岁的增加2%，年满60周岁的增加4%，年满70周岁的增加增加6%，年满80周岁的增加8%，年满90周岁的增加10%。根据年龄增加后的医疗费报销比例，不得超过100%。
	二级医院	400	90	
	三级医院	800	85	
	乡镇卫生院社区服务中心	160	95	

图 2-3 2016 年成都职工医疗保险住院报销比例

从图 2-2 和图 2-3 可以看出，如果能持卡到社区就医，就能够享受到更高比例的报销，医院等级越高，报销比例越低。这告诉我们看病就医时，如果社区医院能够治疗的，尽量在社区医院进行治疗，社区医院不能治疗的则优先考虑一级医院，其次才是二级和三级医院。

另外，小医院也比大医院的起付标准更低，由此看来，在小医院看病就医会更加省钱，也更划算。

除此之外，社区医院及其他较小医院的常用药品价格有时常常比大医院更便宜，这也会使个人负担的医药费更少一些。

3．其他常见问题解答

在使用社保卡的过程中，持卡人常常会遇到各种各样的问题，比如社保卡密码忘记怎么办、查询密码是什么等，下面我们就一些常见的社保卡使用疑问进行解答。

■ 密码忘记了怎么办

社保卡的密码分为查询密码和交易密码，查询密码用于通过人力资源和社会保障局门户网站、12333 自助及其他查询平台查询社保信息，交易密码是刷卡购药、门诊看病及住院结算时需要使用的密码。

如果遗失了查询密码或交易密码，可持本人社保卡、身份证（户口本）原件到当地社保经办机构重新打印密码函，同时重置交易或查询密码。

■ 社保密码是否可修改

当参保人第一次得到社保卡时，密码函上会印有社保卡的两个密码，这两个密码都是可以修改的。

修改交易密码和查询密码可以使用初始密码登录当地人力资源和社会保障局官方网站后，再按照提示的操作流程进行修改，或持卡到当地社保服务网点查询平台上进行修改。另外，有些街道、社区也有安装劳动保障综合查询平台，也可进行自助修改，还可以通过拨打 12333 自助语音电话进行密码修改。

除此之外，修改交易密码还可到开通密码修改服务的定点药店刷卡机上进行修改。

■ 社保卡丢失怎么办

在日常生活中，可能会遇到社保卡丢失的情况，如果社保卡不慎丢失，不要慌张，第一步应该马上挂失。若知晓身份证号码或社保编码及 8 位数查询密码，可通过拨打 12333 自助语音系统进行 72 小时的预挂失，或到当地社保服务网点、定点医疗机构的自助终端机上进行预挂失。

第二步则是持身份证（户口本）原件到当地社保经办机构办理书面挂

失，并申请补卡，若是代办人为持卡人代办，需提供代办人身份证原件。

■ 如何更换社保代扣银行卡

当原有社保代扣银行卡不再使用时，为了保证不出现断交社保的情况，需及时更换代扣银行卡。

若参保的社保经办机构开通了个人网上经办业务，持卡人通常可在网上按照操作提示签署代扣协议，更换代扣银行卡。若不支持网上办理，则需持身份证、社保卡以及新的银行账号到参保的社保经办机构进行修改。

■ 社保卡消磁怎么办

社保卡和我们使用的银行卡一样也可能被消磁，消磁后的社保卡不能再正常使用。那么消磁后应该如何处理呢？是否只能补办？

社保卡消磁通常不需要重新补办，只需持卡到参保的社保经办机构办理加磁业务即可，如果是由代办人为持卡人代办理，则需提供委托书及代办人的身份证原件。

■ 社保卡可以给家人用吗

社保卡原则上只限于参保人本人使用，但实际上，普通的药店买药或看病就医，经持卡人本人同意后，是可以用于配偶、父母、子女或其他亲属医药费用支付的。

■ 社保扣款不成功怎么办

有时，由于社保代扣银行卡资金不足会导致社保费用扣款不成功的情况，通常情况下会在次月自动进行补扣，因此参保人需在下月扣款前存入银行卡两个月的缴费金额，以保证下月划款能正常进行。

.03
. PART .

如何进行
健康投资

如何保障
出行

投保个人
保障要点

投资理财不可忽略个人保障

　　投资理财获得高收益、高回报是每一位投资者期待的事情，然而突如其来的疾病和意外等带来的高额费用常常会给个人或家庭带来巨大的经济负担，打乱原有的投资理财规划，甚至不得不取出未到期的理财产品，使得投资收益及本金受损。为保证投资理财顺利进行，每一位投资者都需为可能出现的费用支付风险出谋划策。

3.1 投资健康是头等大事

> 健康不论是对小孩、成年人，还是老年人都同等重要，健康可以说是投资理财的根本，健康投资获得的回报是无穷尽的，是无法用金钱来衡量的。那么如何才能为健康多提供一份保障呢？那就是投保一份健康险。

1. 你可以投资的健康有哪些

虽然随着生活水平的提高，重视健康的人群在增多，但是仍有很多人只有在遇到健康问题时才明白健康的重要性，当需要为自己的健康"负责"时，才决定投保健康险，以抵御疾病治疗过程带来的财务风险，防范伤害进一步扩大。

对于个人来说，对健康最简单的投资方式就是运动，平时花一点时间进行锻炼，提高个人身体健康水平，可以让自己少生病。从理财的角度出发，运动也是最省钱的健康投资，可降低个人把钱全部都花在医院的可能性。

另外，定期体检，及早发现个人健康问题，从而在疾病的早期阶段及时防治，也是对健康的一种保障性投资。

即使我们很注重身体健康，但仍不能保证不生病，因此在理财规划中需考虑风险管理，为个人或家人配置健康险，以避免疾病导致个人收入能力降低或丧失谋生能力使家庭生活陷入困境。

在保险理财规划中，健康保险规划可以说是理财的第一步，在为家人和自己制订健康保险计划时，首先要清楚投保个人健康可以为被保险人提供的费用补偿和保障有哪些，具体内容如下。

◆ **医疗费用保险**：指以给付医疗费用为保险金条件的保险，它是健康险的主要内容之一，社保中的医疗保险也属于此范畴，我们这里主要从商业保险的角度出发。

◆ **疾病保险**：指以疾病为给付保险金条件的保险，疾病保险的保险标的包括普通疾病和重大疾病。

◆ **护理保险**：指因疾病、意外和年老等原因导致被保险人需要长期被照顾，提供护理服务费用补偿的保险。

◆ **收入保障保险**：指因意外或疾病等导致收入来源中断或减少为给付保险金条件的保险。

2．合理选择，不浪费每一笔保费

投保健康险并不是免费的，保费的支付可以说是投资健康的成本，每个人和每个家庭对健康的投资需求并不一致，合理选择健康险，用最少的成本获得最大的健康保障是保险理财应有的意识。那么如何才能做到不浪费保费呢？这就要求我们按需投保。

■ 职场精英如何投保健康

大多数职场精英每天工作压力和工作强度都很大，而这类人群越来越多地处于亚健康状态，所以，为自己制定健康保障计划就更为重要。此类人群投保健康险要考虑重大疾病及一些特殊疾病，下面来看一个案例。

产品分析：泰康 e 顺——女性专属疾病保障

李女士今年30岁，组建了自己的家庭，既是职场人士，也扮演着妻子、女儿和母亲等多重角色。如今，李女士的年收入大概在15万元，且收入稳定。

有保险理财意识的李女士考虑到自己并没有投保健康险，一旦自己出现任何意外，家庭生活将受到很大影响，于是决定将今年的理财目标放在完善家庭的医疗和重疾保障上。在比较了不同的健康险产品后，李女士为自己选择了泰康人寿保险公司的 e 顺——女性专属疾病保障。为什么李女士要选择这款保险产品呢？主要是出于以下情况的考虑。

30 岁以上的职场女性患重大疾病的概率在上升，特别是乳腺癌和宫颈癌，并且此类重大疾病的治疗费用一般比较高。e 顺——女性专属疾病保险主要保障的是女性易患的疾病，且保费不高，以最高保障额度 50 万元为例，李女士投保后获得的保障和赔付比例如图 3-1 所示。

以最高保障额度50万元为例			
保什么	具体是指	赔付比例	赔多少
乳腺癌	经医院诊断，在女性乳房发现恶性肿瘤（即癌症）	100%×50万元	50万元
特定妇科癌症	包括子宫癌、宫颈癌、卵巢癌以及输卵管、阴道和外阴的恶性肿瘤	50%×50万元	25万元
系统性红斑狼疮性肾炎	多发病于青年，女性患病概率是男性的7~9倍，一般3个疗程需15万元左右	50%×50万元	25万元
原位癌	即癌症早期，只要及时检查，早发现早治疗，治愈的可能性极高，且费用较低	10%×50万元	5万元
意外面部整形手术	因意外伤害导致面部毁损，而进行的面部整形手术 如因车祸导致毁容，进行整形手术	10%×50万元	5万元

图 3-1 保障与赔付比例

在李女士投保该产品两年后，检查出患上乳腺癌，按照保险合同条款，保险公司赔付了 40 万元 100% 赔付，因此家庭经济收入并未受到太大影响。

通过李女士的例子告诉我们，投保健康险，可根据自身情况将保障范围集中在一种或几种特定疾病中，这样可以为自己节省保费开支。

■ 年轻人如何投保健康险

年轻人患重大疾病的可能性较低，由于大多初入职场，工资收入水平有限，因此在投保时要考虑保费的高低。可选择定期健康险，这类保险的保费低廉，保障也较全面。

产品分析：泰康 e 爱家——多功能组合保险

以泰康人寿 e 爱家——多功能组合保险为例，该产品的保障范围、保障金额与保险责任如图 3-2 所示。

保险责任	保障金额	保障范围
定期寿险（身故赔付）	（10~50）万元	疾病、意外、过劳、猝死……一旦身故，立即赔付
重大疾病	（5~50）万元	全面覆盖发生率高的32种重大疾病，含癌症、急性心肌梗塞等，确诊即赔
意外事故	（10~50）万元	地震、暴雨、火灾、车祸……意外最高可赔50万
住院津贴	100或200元/天	不论疾病、意外，一旦住院，按天赔付，累计最高可赔1000天！
生存保障（养老金）	所缴保费	交多少，给多少！不论是否理赔，均可一次性给付全部所交费用作为养老金
重大疾病豁免	剩余未交保费	一旦罹患大病，无须交纳剩余期间的保险费，并在满期后与已交保费一并给付

图 3-2　e 爱家——多功能组合保险产品特点

从图 3-2 可以看出，该产品提供了意外、大病和身故三大基础保障，该产品支持 18 ~ 45 岁的投保人投保，保费的缴纳方式可自由选择，有月交和年交两种。保险期限为 60 年或 70 年，缴费期限也可自由选择，有 10 年、15 年和 20 年。

由于是组合型保险，年轻人可按照家庭经济状况和保障需求，灵活组合，定制个性化保单。

假设一年轻上班族每月月收入在除去支出后结余为 800 元，考虑到自身平安和健康的保障，将其中的 400 元用于购买 e 爱家——多功能组合保险，在进行组合时选择保至 60 岁，制订的保障计划如表 3-1 所示。

表 3-1 年轻一族泰康 e 爱家保障计划

险种名称	功用	保障金额	月交保费	缴费期限
定期寿险	身故保障	10 万元	73.23 元	20 年
住院津贴保险	住院津贴保障	100 元 / 天	75.32 元	20 年
意外伤害保险	意外伤害保障	10 万元	28.19 元	20 年
重大疾病保险	重大疾病保障	5 万元	169.67 元	20 年

通过以上搭配，该投保人每月需缴纳保费 346.41 元，由于该保险具有重大疾病豁免和生存保障功能，那么该保险人可享受以下保险利益。

身故保险金：若不幸身故，可获 10 万元身故保险金。

住院津贴保险金：若住院，每天可获 100 元住院津贴，累计住院津贴保险金的给付天数为 1000 日。

重大疾病保险金：若不幸首次确诊罹患重大疾病，可获 10 万元重大疾病保险金。

满期后按所交保险费金额给付生存保险金：若生存至 60 周岁，获得生存保险金为保险金额 × 缴费期间 =346.41×12×20=83138.4（元）。

重大疾病豁免：若罹患大病，无须继续缴纳剩余保费，在期满后与已交保费一并给付。

通过上述个性化的组合，该年轻投保人在收入不多的情况下也能购买该产品，充分缓解了资金压力。另外，不论是否理赔，均可一次性给付全部所交费用作为养老金，这就使得所缴保费可作为养老补充。

■ 老年人如何买健康险

对于老年人来说，随着年龄的增加，投保健康险的保费也会增加，如果再按照年轻人的投保方式，投保定期健康险，很可能导致所缴保费超出保额。另外，老年人也是疾病的高发人群，定期健康险通常只保到 60 岁或 70 岁不等，而 60 岁或 70 岁以后正是需要提供健康保障的年龄，所以老年人投保健康险最好投可保终身的健康险或保险期限更长的健康险。另外，也有不少保险公司推出的针对老年人的老人健康险比较适合老年人投保，比如平安保险公司推出的康寿宝老年人专属防癌险，下面来认识该产品。

产品分析：康寿宝老年人专属防癌险

康寿宝老年人专属防癌险提供最高 15 万元防癌保额，每月最低可交保费为 63 元，之所以适合老年人，是因为该产品与同类产品相比具有以下特点，如表 3-2 所示。

表 3-2　康寿宝老年人专属防癌险与市场同类产品比较

项目	康寿宝老年人专属防癌险	市场同类产品
投保年龄	50 ~ 70 周岁皆可投保	大多数要求在未满 50 岁
保障范围	提供高龄人群易发的癌症风险保障，最高保障至 85 周岁；保障期内身故可返还保费	各年龄段保障相同，无针对性，性价比低；身故不返还保费
保费	专为老年人设计，保费低廉	高龄人群保费昂贵
投保流程	流程简单，免体检，如实回答健康问题，符合即可投保	高龄投保需要体检，流程复杂且耗时长
投保区域	覆盖大陆绝大部分地区（除西藏自治区外）；可由子女为父母投保，支持异地投保，送单上门	仅承保小部分发达城市，不支持异地投保
理赔规定	确诊即赔，无须发票，缓解治疗的经济压力	手续烦琐，通常赔付限制较多

通过表 3-2 的对比可看出，该产品主要针对于老年人易患的癌症提供保障，且投保年龄限制为 50 ~ 70 周岁的老年人，与市场同类产品相比，有其独具优势之处，可让老年人老有所"医"。

除了上述专门针对老年人的老人健康险外，老年人在投保其他健康险时要注意，大多数健康险对投保年龄都有限制条件，一般到 50 周岁后可投保的健康险就极少了，超过 65 周岁几乎没有可投保的健康险，因此投保健康险最好在 50 岁以前，如果年龄过大，即使有可投保的产品，也大多并不划算，因为保费很高，且有可能出现保费与保额"倒挂"的现象。

3．没有医保的人这样选择健康险

对于没有社会医疗保险的人来说，投保商业健康险比拥有社会医疗保险更为重要。对于无社保的人来说，由于没有基本的健康医疗保障，在购买健康险时就需要优先考虑保险金额和保障范围。具体可以从以下几方面来判定健康保障计划。

◆ **考虑报销与补偿**：无社保的人平时看病不能通过社保报销，因此在购买商业保险时要考虑治病实际费用的报销与补偿，在查看产品保险责任时就要看其是否拥有住院及门诊费用的补偿，这样可让保险公司为其减轻医疗费用。

◆ **考虑重疾给付**：重大疾病保险是无社保人不可缺少的保障，因为最大的医药开支常常在重大疾病上，许多重大疾病保险具有一次性给付保险金的特点，可以减轻负担。另外，市场上也有许多返还型重疾险，既可以提供保障也具有理财功能。

目前，有的保险公司针对无社保的投保人推出了综合住院补偿类保险产品，比较适合无社保的投保人，下面来看看其中一款产品。

🐷 **产品分析：乐温馨综合住院补偿医疗保险 B 款（无社保）**

乐温馨综合住院补偿医疗保险 B 款（无社保）保险产品是中意人寿保险公司为 18 ～ 50 周岁无社保人群量身定做的，该产品提供住院、特定门诊费用补偿和非城镇职工基本医疗保险用药费用补偿，产品承保的期间为一年。

补偿的住院费用包括住院前诊断费、每日床位费、急救车、住院期间的病房内支出费用、手术及麻醉费。补偿的特定门诊费用包括特定疾病门诊治疗费和特定门诊手术费。由于这些费用补偿能为日常普通就医提供报销，因此对无社保的人群来说是非常适合的。

对于有社保的人群来说，也可以购买一份商业医疗保险作为社保的补充，可选择针对有社保客户的费用报销型的附加险种或住院补贴型保险，进一步减少自身花费。

4．买一份返还保费的重疾险

返还型重疾险是经济状况较好的投保人的不错选择，为什么这么说呢？下面以安享康健重疾保险 C 款保险产品为例，来看看该款产品的投保案例。

产品分析：安享康健重疾保险 C 款

刘先生今年 30 岁，他选择购买安享康健重疾保险 C 款保险产品，交纳保费 15 年，那么刘先生每月需交保险费约为 567.54 元，15 年一共交费 102157.2 元，该保险提供保障至 80 周岁，基本保险金额为 20 万元，刘先生可获得的保障利益如表 3-3 所示。

表 3-3　安享康健重疾保险 C 款保障利益

保险责任	保障金额	保障范围
20 种轻症疾病	4 万元	刘先生 39 岁时，做了一侧肺切除手术，保险公司立即赔付 4 万元，用于手术费用，重疾保障依然持续到 80 岁，且剩余保费全部免除

续表

保险责任	保障金额	保障范围
15 种早期疾病	4 万元	72 岁时，刘先生确诊中度帕金森，立即获得 4 万元赔偿金，孩子用这笔费用给他请了特级看护，减轻儿孙经济压力（20 种轻症和 15 种早期疾病理赔仅给付一次）
65 种重大疾病	20 万元	78 岁时，刘先生不幸确诊肝癌，一次性获得 20 万关爱金，用于手术费用，不会给孩子带来经济负担（重疾理赔后，主、附险合同终止）
保费豁免	剩余应交金额	刘先生 39 岁确定一侧肺切除手术时，不仅获得手术关爱金，还减免了剩余全部保费
期满返还	约 13 万元	如果刘先生 80 岁时依然平安健康，没有发生重疾或者保费豁免的理赔，可以获得102157.2× 128%=130 761.22（元）的满期关爱金
大病管家服务		① 78 岁做肝癌手术时，刘先生使用该服务，顺利在北京 ×× 医院进行手术医治，康复顺利 ② 事后服务人员主动电话关怀，及时跟进理赔问题

从上述的保障利益可以看出，该保险产品的保险责任包括保费豁免、期满返还和疾病保障，具有有病理赔，无病返还，达到"不花钱"就能保障疾病的效果，但缴费年限较长，保费支出较多，因此更适合经济条件较好、从投资角度出发买保险的投保人。

5．选择适当保额，避免保费白缴

在进行健康险投保时我们会发现保额有多也有少，许多投保人可能会认为保额越多就越好，但高保额对应的是高保费，如果家庭或个人并不需要太高保额，而投保了高保额的健康险，这将是很不划算的。在选择健康险保额时可以从以下几点进行确定。

◆ **医疗补贴型保险**：具有住院和门诊费用等补贴功能的保险产品，

在确定保额时可按照"个人月收入 /30"的每日标准来确定。

◆ **医疗费用报销保险**：具有医疗费用报销功能的保险产品，保额通常为 1 ~ 2 万元即可。

◆ **重疾保险**：重疾保险在确定保费时可按照年收入的 5 ~ 10 倍的标准来确定，通常投保保额为 10 ~ 30 万元的较多，超过 30 万元的保额对普通投保人来说没有太多必要。

◆ **保费总支出**：确定健康险保额的多少还可以从保费的总支出来衡量，家庭或个人保费支出以不超过可投资资产的 15% 为宜，因此在选择保额时可根据保费支出具体金额来确定。

总之，保额的高低要根据家庭经济实力来决定，不要过分看重高保额而忽略了保费和投保的重点。

3.2 出行有保障，不让人生财富成为徒劳

> 在意外伤害还未发生前，我们可能无法体会意外事故所造成的伤害。每年交通事故、溺水及火宅等意外事故在电视及网上都在被频繁报道。

意外离我们并不遥远，大多数人忽视意外险投保主要是因为感受不到意外这一风险的存在，实际上，每年因意外事故造成伤害、死亡的事件正在增加，这提醒我们购买意外险是很有必要的。

大部分意外险并没有我们希望的理财功能，在没有发生保险事故的情况下，通常都不会返还保费及收到投资回报。但与其他险种相比，意外险

是保费最低，但保障却很高的产品，与出险后获得的几万元或十几万元的保险金相比，每月或每年的小额投入就显得微不足道了。

随着保险购买者需求的多样化，市场也出现了一些投资型的意外伤害险，下面就来看看如何进行意外险投保，以及在投保时如何通过保险理财省钱。

1．厘清保障需求，合理投保

意外险是一种比较常见的险种，在购买汽车票时常常会被售票员询问是否购买保险，而这个保险就是意外险。虽然说在实际的生活中，意外何时会发生是不可预测的，但意外发生的概率却是可以预估。比如，对于经常出差需要乘坐飞机的人来说，因航空意外造成伤害的概率就比其他人大得多。由此可见，意外险是完全可以根据自身的情况来进行自由组合的险种。

投保人要做到意外险合理投保，需要对意外险的种类有一定的认识，按照保障范围不同，意外险可以分为以下几类。

◆ **交通意外险**：以被保险人作为乘客，在乘坐客运大众交通工具期间因遭受意外伤害事故，导致身故、残疾及医疗费用支出等为给付保险金条件的保险。其中，交通工具包括飞机、火车、轮船、汽车和地铁等交通工具。

◆ **旅游意外险**：以被保险人在保险期限内，因出差或旅游途中的意外事故导致死亡、伤残或保障范围内的其他保障项目，保险人应承担保险责任的保险。

◆ **综合意外险**：综合意外险的保险责任为各种意外事故造成的死亡、伤残或因意外伤害导致的医疗费用支出等。

　　根据意外险的投保对象不同又可分为少儿意外险、老人意外险及女性意外险等，投保人在进行投保时可按照投保对象来选择，也可按照保障范围来选择。

　　通常情况下，有针对性的意外险保障范围较小，但保费较低，综合意外险保障范围较全面，但保费较高。从理财的角度出发，投保意外险也要把钱用在实处。

　　对于经常外出或旅游的人来说，可选择有针对性的交通意外险和旅游意外险，这类意外险保费低，保障金额较高，保证投保人将钱花在最可能造成意外伤害的风险上，避免浪费保费。

　　如果是为了预防日常生活中可能出现的意外风险，那么可以选择综合意外险，保障全面，对意外身故、意外医疗和住院津贴等常常都有保险金赔偿。

　　投保人如果不清楚家庭或个人意外保险的具体需求，可通过意外保险需求测试来分析并选择产品，下面以慧择网意外保险需求测试为例。

Step01　进入慧择网意外保险需求测试页面（http://www.huize.com/demandanalysis/accident），单击"开始测试"按钮，进入测试页面，选择测试问题答案，单击"下一题"按钮。

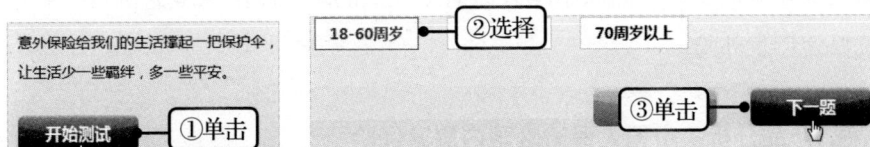

Step02　完成所有测试问题后，单击"查看结果"按钮。

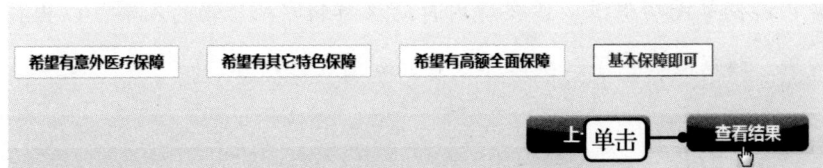

Step03 在打开的页面中查看测试结果及其推荐的意外保险产品。

2. 外出旅游投保如何省费用

外出旅游有长期和短期之分，另外，根据目的地的不同，安全系数也会不同，在选择旅游意外险时要综合考虑这两个重要因素，按需购买才能真正节省保费。

对于在境内游玩，并且是去开发成熟的旅游路线和景点的游客来说，这种外出旅游的安全系数还是相对较高的，选择涵盖旅行期间的短期意外险即可，不必选择长期的普通意外险，因为长期普通意外险保费常常较高，对短期旅游的游客来说没必要多花保费。

短期意外险的保费通常在几元或几十元不等，那么短期意外险究竟如何购买才合适呢？下面以中国人保财险提供的国内旅游保险为例看看如何选择短期意外险。

产品分析：中国人保财险国内旅游保险

中国人保财险提供的国内旅游保险具有航班延误、行李丢失及意外医疗费用补偿等七项保障，适合境内自助旅游和户外活动的人群，以出行5天为例，该保险提供了三种保障方案，如图3-3所示。

请选择保障方案	基础型 ~~11.43元~~ 8.00元 选此方案	经济型 ~~37.14元~~ 26.00元 选此方案	豪华型 ~~60.00元~~ 42.00元 选此方案
紧急医疗运送和运返费用补偿	100,000	150,000	200,000
航班延误赔偿	250	500	1,000
托运行李丢失赔偿	/	3,000	5,000
慰问探访交通费用补偿、津贴给付	/	3,000	5,000
意外医疗费用补偿	10,000	30,000	50,000
意外身故、残疾给付	100,000	300,000	500,000
遗体送返保险金、丧葬保险金	20,000	30,000	40,000
保额总计	23.025 万元	51.65 万元	80.1 万元

图 3-3　中国人保财险国内旅游保险保障方案

从图 3-3 可看出，该保险提供的三种保障方案，其保费分别为 8 元、26 元和 42 元，从省保费的角度出发，投保人可能会选择基础型保障方案。但基础型的保额总计比其他两种较少，这时又该如何选择呢？

在选择时应衡量出游地的风险大小。投保旅游意外险重要的一点是要足额，在节省保费的同时，不能忽视了保障。因此如果去开发不完整的旅游地旅游，可选择保额较高的经济型；如果去开发较成熟的旅游地，可选择保额较低的基础型；如果是去人烟稀少的地方进行户外探险旅游，则可选择保额高的豪华型，这样才能让自己投保既省保费又能获得足额保障。

另外，如果是在境内自驾游玩，那么可选择有针对性的自驾旅游意外险，最好选择包含驾驶员意外伤害保障的自驾旅游意外险，如果附加赠送境内紧急救援和路边快修服务等会比较划算。

在投保短期意外险时要注意一点，保障期限必须包含实际的出游天数，否则会失去保障的意义，也白白浪费了保费。

对境外旅游的人来说，面临的风险比国内旅游更大，在投保时既要考虑普通的交通事故意外或航班延误意外等，又要考虑该保险是否提供有国际紧急医疗救援保障和医疗费用垫付服务等。

选择境外旅游意外险的医疗保额时，应根据出行国的不同来选择，如果是经济发达的国家，那么保额相对要高，比如 30 万元；而去经济水平、医疗水平都较低的国家，保额可设置得较低一些，比如 10 万元、25 万元等。

3. 如何用低保费换取高保障

许多人都有投保意外险的需求，但因为不清楚如何买才是最划算和最实用的，常常会吃大亏。

要进行意外险理财，就需要从保费入手，清楚怎样购买更有利，更省钱。购买意外险时选择购买渠道很重要，目前，许多保险公司对网上购买保险的客户都会给予一定的费率优惠，因此投保人在网上购买比较划算。

不同职业投保意外险，对应的价格及可投保的保额不同，保险公司对不同职业的职业等级都有分类，表 3-4 所示为某保险公司职业等级分类部分内容。

表 3-4　职业等级分类

行业	职业细项	具体职业细项解释	职业等级
一般职业	机关内勤(不从事凶险工作)	机关内勤	1
	机关外勤	机关外勤	2
	工厂管理人员	工厂负责人（不亲自作业）、工厂厂长（不亲自作业）	2
	保安	办公楼、物业、工厂、银行保安人员	2
	采购人员	采购人员	2
	厨师	厨师	3
	室内清洁人员	室内清洁人员	2
农牧业	农场经营者	农场经营者、农具商、牧场经营者（不参与实际作业）	1
	种植、饲养、畜牧人员	农夫、植物栽培、家禽家畜饲养、畜牧人员	3

续表

行业	职业细项	具体职业细项解释	职业等级
	糖厂技工	糖厂技工	4
农牧业	农用机器、车辆驾驶及修理人员	联合收割机驾驶员、农用机械操作及修理人员、农用运输车驾驶员	4
	驯养人员	驯养人员	4
	沼气工程施工人员	沼气工程施工人员	5
	渔场经营者（不亲自作业）	渔场经营者（不亲自作业）	1
	室内水产实验人员	室内水产实验人员	1
渔业	养殖工人（内陆）	养殖工人（内陆）、渔场经营者（亲自作业）	3
	热带鱼养殖者及水族馆经营者	热带鱼养殖者、水族馆经营者	2
	水产加工工人	水产加工工人	3

从表3-4可以看出，该职业等级表分为1～5个等级，在购买意外险时，1级购买意外险最便宜，逐级递增。比如购买同一保险公司的意外综合险，选择同样的保险额度，其保费信息如图3-4所示。

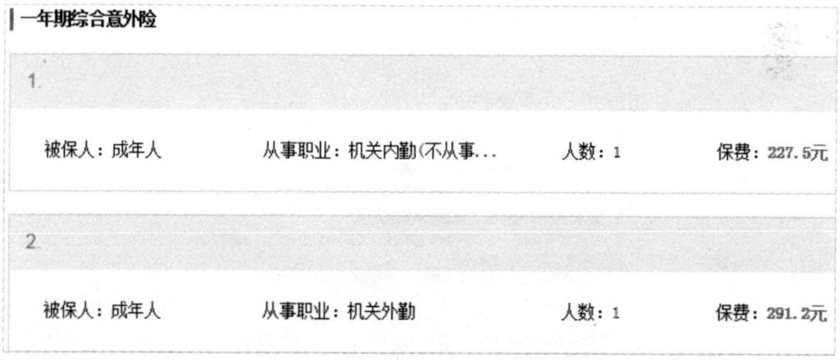

图 3-4　职业等级不同保费不同

因此，在购买意外险时还要考虑个人职业，以此来衡量保费支出。意外险投保除了可直接投保需要的险种外，还可以购买意外卡单，意外卡单具有低保费、高保障且保障较全面的特点，相比直接投保，性价比更高。

如果一个家庭中有多个家庭成员需要投保，那么选择保全家的意外险

比单独为每一个家庭成员投保更划算，同时，一次投保省时省力，如平安
保险提供的全家无忧保障计划保险产品就是保全家的意外险。该产品能够
保障自己、配偶及未成年子女在工作生活中的意外，提供门诊与住院意外
医疗保障，另有意外住院收入补偿和 24 小时电话医疗咨询服务的赠送。

4. 可获取投资收益的意外伤害险

近年来，有部分保险公司也推出了理财型意外伤害险，那么这类保险
是如何具有理财功能的呢？下面以安邦共赢 3 号（航空旅客意外伤害保险）
为例，来看看该类产品如何具有理财功能。

产品分析：安邦共赢 3 号（航空旅客意外伤害保险）

安邦共赢 3 号（航空旅客意外伤害保险）保险产品是工商银行的一款
理财型保险，由安邦财产保险公司提供，其产品简介如图 3-5 所示。

产品简介	本页面产品由安邦财产保险股份有限公司提供
产品名称	安邦共赢3号（航空旅客意外伤害保险）
产品属性	理财型保险
发行公司	安邦财产保险股份有限公司
适用人群	适合具有稳健投资和保险保障双重需求的人群
产品特色	1、产品形态简单明了，易于客户判断需求 2、产品期限一至三年，方便客户灵活选择 3、投资收益预定稳健，满期增值承诺底线
产品功能	1、投资增值功能：按照预定收益标准实现满期增值返还。满期年化收益率不低于合同生效时的预定标准，满期收益有保证。 2、保险保障功能：航空旅客意外伤害保险。
保险期间	1-3年期
保险责任	承担航空旅客因意外事故导致的身故责任。1万元保险保障金对应10万元保额，同一被保险人总保额上限为100万元。
保险费	本保险已缴纳保险保障金的形式购买，1万元/份
最高购买金额	
缴费方式	趸交
支付方式	网银支付
注意事项	本产品自合同生效日起有15日犹豫期，犹豫期内退保则无息返还保险保障金，犹豫期后解除合同将有损失。
咨询电话	95569

图 3-5 安邦共赢 3 号保险产品简介

从图 3-5 可以看出，该产品提供的保障功能主要为航空意外事故，保费费用为 1 万元，保额为 10 万元，其理财功能体现在按照预定收益标准实现满期增值返还，满期年化收益率不低于合同生效时的预定标准，满期收益有保证。也就是说，投保人投保该产品在满期后可获得保费返还，还可获得投资增值收益。那么投保人比较关心的投资收益有多少呢？

该产品在保险期间内，收益率随中国人民银行公布的同期存款基准利率同幅同向联动，且始终高出 0.75% ~ 0.85%（年期不同，高出的收益率不同），也就是说产品满期后，其投资年化收益率将在合同生效时同期存款基准利率基础上增加 0.75% ~ 0.85%（年期不同，增加的收益率不同）。如果中国人民银行取消金融机构人民币存款基准利率，则以中国工商银行的存款利率为准。

每份保险的满期给付金按如下公式计算：

满期给付金额 $=10000+10000 \times [(R_0+0.85\%) \times T_0+(R_1+0.85\%) \times T_1+(R_2+0.85\%) \times T_2+\cdots+(R_n+0.85\%) \times T_n] \div 365$

其中，R_0 对应相应的保险期间，为保险合同生效日人民银行公布的 3 年期定期储蓄存款利率；R_1 对应相应的保险期间，为保单生效后人民银行第 1 次利率调整后的 3 年期定期储蓄存款利率；R_2 对应相应的保险期间，为保单生效后中国人民银行第 2 次利率调整后的 3 年期定期储蓄存款利率；R_n 对应相应的保险期间，为保单生效后人民银行第 n 次利率调整后的 3 年期定期储蓄存款利率。

T_0 为自保险合同生效日至人民银行第 1 次利率调整日之间的实际天数；T_1 为自人民银行第 1 次利率调整日至人民银行第 2 次利率调整日之间的实际天数；T_2 为自人民银行第 2 次利率调整日至人民银行第 3 次利率调整日之间的实际天数；T_n 为保险期间内，自人民银行最后一次（第 n 次）利率调整日至保单满期日之间的实际天数。

通过上述公式来计算满期后的本息比较复杂，且不清楚存款基准利率是否会调整，因此无法计算出满期后确切的收益。但我们可以假设基准利率不会调整，以当前的基准利率来预测到期后可获得多少本息。

如果用 1 万元购买该产品，保险期限选择 3 年，在当前 3 年期的基准利率 2.75% 的基础上高出 0.75% ～ 0.85% 作为投资收益率，则收益率可达到 3.5% ～ 3.6%，那么满期后可预估获得本息 11050 ～ 11080 元。

通过预估的收益率来看，该产品能够保证投资不亏本，使财富有一定增值，且还能提供保障功能，因此对于既需要意外保障又想要获得保险产品投资收益的投保人来说，此类型的产品是不错的选择。

3.3 投保个人保障需要留意的问题

在投保健康险和意外险时，部分投保人欠缺对健康保险和意外保险的了解，常常会遇到一些问题，下面就常见问题进行解答，帮助投保人更好地进行健康险和意外险保险理财。

1. 有了社保，还要买健康险吗

许多人在购买社保后认为社保能够为其提供医疗保险，因此就不需要再购买其他险种了，那么是不是这样的呢？

已经购买了社保的参保人首先要明确，社保提供的保障都是基本保障，它并不是万能的。在进行医疗报销时，有部分医疗费用社保是不会报销的，需要自己承担。

对经济条件较好的投保人来说，可再购买一份商业重疾险作为社保的补充，以弥补社保的不足。

商业重疾险之所以能弥补社保的不足，原因是社保按比例报销，而重疾险是按合同约定给付保险金，它和社保并不冲突，这笔保险金可弥补收入损失，如果收入没有损失，可用来储存作为家庭财富积累的一部分资金。

下面来比较一下有社保无商保和有社保有商保的两人在遭遇重大疾病时，各自的赔付情况。

假设社保的保报销比例为80%，此次重疾花费共20万元，住院30天，所有医药费都可报销，购买商保的投保人选择了一份一年期重大疾病保险，自定义保费为1375元，其保额额度如图3-6所示。

保障类型	保障范围	自定义
基础保障 承保范围 ❓	三十种重大疾病	20万元 ⌄
	意外身故／残疾	不投保 ⌄
住院津贴 承保范围 ❓	一般住院津贴	30元/天 ⌄
	癌症住院津贴	50元/天
	住院手术津贴	5000元
高发癌保障 承保范围 ❓	男性高发癌 (肺癌、大肠癌、胃癌)	5万元 ⌄
医疗服务 承保范围 ❓	远程重疾二次书面会诊等	赠送
	人均1375元	
	1375.00元	

图 3-6　一年期重大疾病保险保额额度

有社保无商保的被保险人此次可获得医药报销16万元，需自费4万元。而有社保有商保的被保险人，可获得医药报销16万元，另外，商业保险需赔偿20万元，住院手术津贴5000元，一般住院津贴900元，商业保险总共理赔款为 205900 元，除去重疾花费剩下的赔偿金为 165900 元。

通过两者的比较可以看出，一旦遭遇疾病两者获得的赔偿差别，商业健康险可进一步减少医疗费用的个人支出，减轻医疗费用负担。

当然，购买商业健康险的保费是需要自己负担的，在投保时也要合理规划保费支出，防止未来产生交费压力，如果经济收入状况良好还可考虑返还型重疾险，把重疾险作为理财手段让保费保值增值。

2．重疾险的疾病如何定义

重疾险的保险标的针对的是重大疾病，因此部分投保人在投保重疾险时就认为，只要是重大疾病都能赔付，实际上，重大疾病有使用范围的限制，投保人以为的重大疾病可能并不属于重大疾病定义的范围。根据《重大疾病保险的疾病定义使用规范》，重大疾病包括以下范围。

（1）恶性肿瘤、急性心肌梗塞、脑中风后遗症、冠状动脉搭桥术（或称冠状动脉旁路移植术）和终末期肾病（或称慢性肾功能衰竭尿毒症期）。

（2）多个肢体缺失、急性或亚急性重症肝炎、良性脑肿瘤和慢性肝功能衰竭失代偿期。

（3）脑炎或脑膜炎后遗症、深度昏迷、双耳失聪、双目失明或瘫痪。

（4）心脏瓣膜手术、严重阿尔茨海默病、严重脑损伤、严重帕金森病和严重Ⅲ度烧伤。

（5）严重原发性肺动脉高压、严重运动神经元病、语言能力丧失、重型再生障碍性贫血、主动脉手术。

总共包括 25 种重大疾病，而神经官能症、精神疾病、继发性帕金森综合征、脑垂体瘤、脑囊肿和脑血管性疾病等一般不在保障范围内。保险公司通常会在定义范围内增加一些其他的常见重大疾病。因此在投保重疾险时一定要看清楚哪些重大疾病包含在内，哪些疾病不在保障范围内。

3. 不让重疾险赔偿没着落

在许多家庭的保险理财规划中，重疾险是不可少的险种之一，而不少投保人在进行重疾险理赔时会遭遇保险公司的拒赔，为什么保险公司会拒绝给付保险金呢？这有可能是因为以下原因。

■ 不属于重大疾病

前面已经介绍了重大疾病是有定义范围的，也就是说，没有在保险合同约定的重大疾病范围内的重大疾病，保险公司不会理赔。除此之外，对某些重大疾病也有条件约定，比如对重大疾病中的急性心肌梗塞要求须满足下列至少三项条件。

（1）典型临床表现，如急性胸痛等。

（2）新近的心电图改变提示急性心肌梗塞。

（3）心肌酶或肌钙蛋白有诊断意义的升高，或呈符合急性心肌梗塞的动态性变化。

（4）发病 90 天后，经检查证实左心室功能降低，如左心室射血分数低于 50%。

如果不满足上述四项至少三项，急性心肌梗塞是不会进行保险金赔偿的，这点投保人在进行理赔时要注意。

■ 在观察期内

购买重疾险通常有一定的观察期，观察期指自保单生效之日起，在一定的时间内确诊患重大疾病，保险公司可不赔或只赔偿部分保险金。针对不同的保障项目，观察期会有所不同，图 3-7 所示为某重疾险产品详情的部分内容。

保障项目	保险金额	保障范围
个人重大疾病保险	5万元、10万元、20万元	90天等待期后，被保险人经医院确诊初次发生重大疾病，我们按条款给付重大疾病保险金。
意外身故/残疾	（5~50）万元	在保险期间内，被保险人不幸遭受意外事故导致身故或残疾，我们按条款给付意外身故保险金或意外残疾保险金。
住院津贴	一般住院津贴 30~80元/天	30天等待期后，被保险人不幸遭受意外伤害事故或疾病在医院住院治疗，我们按照条款及保险单载明的一般住院津贴日额给付保险金（既往症属于一般住院津贴责任免除事项）。
	癌症住院津贴 50~100元/天	90天等待期后，被保险人经医院确诊初次患癌症，必须住院治疗，我们按照条款及保险单载明的癌症住院津贴日额给付保险金（既往症属于癌症住院津贴责任免除事项）。
	住院手术津贴 5000元	30天等待期后，被保险人不幸遭受意外或疾病经医院确诊且施行手术，我们按照条款及保险单载明的住院手术津贴给付保险金（既往症属于住院手术津贴责任免除事项）。

图 3-7　某重疾险产品详情的部分内容

从图 3-7 可以看出，在保障范围栏中，个人重大疾病需在 90 天等待期后，被保险人经医院确诊初次发生重大疾病，才会给付保险金；住院津贴需在 30 天等待期后，被保险人不幸遭受意外伤害事故或疾病在医院住院治疗，才会给付保险金。因此在理赔时要注意该疾病在确诊后是否已过观察期。

■ 需及时报案，备齐理赔资料

对于符合重大疾病理赔的被保险人来说，在理赔时还要注意以下几点，以确保能顺利理赔。

◆ **疾病需确诊**：被保险人到指定医院就医，医院对被保险人的重大疾病进行确诊并开具确诊书后，才能被认定为重大疾病，确诊书是重疾险理赔的重要依据。

◆ **及时报案**：在疾病确诊后，被保险人需及时向保险公司报案，确认该重大疾病是否在保险责任认定范围内。

◆ **准备齐全资料**：要想获得快速理赔，还需准备齐全理赔资料，包括保险合同、申请人的有效身份证件、医疗病历、医疗费用原始凭证、医疗费用结算清单及其他证明和资料。

4.意外险购买注意事项

意外险保费低，但在投保时也不能白花钱，或者贪图便宜购买一份不适合自己的意外险，因此，购买意外险要注意以下几点。

◆ **搭配意外医疗**：有些意外保险是以身故、伤残为保险责任的，普通意外事故导致的医疗费用支出可能不在赔偿范围内，因此在保费支出允许的情况下，投保时可考虑附加意外医疗保险。意外医疗保险也不用多买，这是因为医疗费用的报销只有一次，多买也不会多报销。

◆ **避免重复投保**：在投保了长期意外险的情况下，如果要外出旅游，可不必再购买短期意外险，除非长期意外险的保额太低。

◆ **注意生效日期**：意外险有生效日期的约定，一般是在保险起期的00:00时起至保险期限最后一天的24:00时止，因此在投保时要注意保险期限的填写。另外，意外险投保的生效日通常为保单填写后的次日，因此最好提前购买。

◆ **注意保障地**：有些意外险对保障地有特殊限制，超出保险合同约定的保障地将不会提供保障，这点需要投保人特别注意，比如某国内旅游意外险对保障地有以下要求：

> **境内旅行**：是指被保险人在中国大陆地区范围内离开其日常居住地或工作地前往别的县级行政管辖范围及以上行政区域目的地进行旅行，该地区不包括台湾、香港、澳门地区。境内旅行并不包括被保险人往来其日常居住地与日常工作地。

◆ **旅行社责任险保障有限**：跟团游玩时，旅行社通常都会为游客购买旅行社责任险，但该保险产品主要是针对因旅行社的责任造成的赔偿，如果旅行社没有为其购买个人意外伤害险，可考虑自己购买。

5．更快获得意外险理赔金

购买意外险是为了在遭受意外事故时获得赔偿，降低个人损失，如果不能获得理赔，或者难以理赔都会带来麻烦。那么如何才能避免这种麻烦的产生呢？这就需要厘清意外险保障范围和理赔流程。

意外伤害是指意外来的、突发的、非本意的、非疾病的客观事件为直接且单独的原因致使身体受到的伤害。这就表示，因疾病、本意造成的伤害不属于意外伤害，保险公司不会理赔。

另外，只有在保障范围内的意外事故才能获得理赔，对某些生活中或旅游中可能发生的意外，如果不在保险责任范围内是不会理赔的，比如探险性漂流和攀岩等高风险运动，以及因工作环境造成身体伤害的常常不属于意外险保险责任范围内。

进行意外险理赔同样需要在保险事故发生后及时向保险公司报案，并妥善保管相关单据，如果有关的证明和资料不完整将会影响理赔进度。同时，申请人也要积极配合保险公司的工作，才能使理赔进行得更快速。

从理财的角度来看，资金是具有时间价值的，早日拿到保险金，才能尽快将保险金利用起来，用于改善生活或投资理财获得收益。

.04.

. PART .

保障财产
安全

进行车险
投保

家庭财产
投保要点

不让家庭资产"缩水"

　　家庭财产是个人及家庭成员一点一点积累起来的，它是家庭财富最直接的体现。理财其实就是对家庭共有财产及个人财产管理的过程，通过制定科学合理的资产组合，打理好钱财，来实现财富保值或增值目标。理财的前提是有财可理，财产风险的存在，很可能使多年积累的理财资金消失殆尽。

4.1 保障财产安全，减少经济损失

> 财产风险是一种因发生自然灾害或意外事故而使个人或家庭的财产遭受损失、损毁或贬值的风险。那么如何才能转嫁这种风险呢？可通过制订保险产品理财规划来实现。

地震、失火等自然灾害或意外事故对自有财产带来的损失是不可估量的，2016 年 6 月 23 日，江苏盐城市阜宁、射阳两县境内突发的风雹和龙卷风是毫无征兆的。据初步统计，此次灾害造成 2260 人受灾；农作物成灾面积 40 公顷；严重损坏房屋 30 户 100 间，一般损坏房屋 37 户 108 间；直接经济损失约 301 万元。

2015 年 8 月 12 日的天津港爆炸事故造成 1.7 万户居民住房、779 家商户受损，还有上万辆汽车和无数商品物资被毁。在爆炸事故发生后，各大保险公司及时展开针对此次爆炸事故的保险赔付工作，主要涉及的险种有人身保险、雇主责任保险和财产保险，针对此次赔付，专家估计财产保险的赔付数额最大，为 50 亿 ~ 100 亿元。

在面对自然灾害和意外事故时，家庭和个人的可承受能力是有限的，因此，投保一份财产险来转嫁风险，以此规避此类灾害和意外等带来的经济和财产损失，不让辛苦积累的财富化为泡影是很有必要的。

1．了解家庭财产有哪些

在人生的不同阶段我们都在积累财富，工作获得工资收入和投资获得投资收益都是积累财富的过程。随着财富的日益积累，我们拥有了可计量的财产。一个家庭中财产主要指各种实物、金融产品及其他能以货币计量的财产、债权和其他权利。

在理财的过程中，计量家庭财产不应将每一件物品都归为家庭财产，而应将那些有价值的资产作为可以管理和规划的家庭资产。那么可规划的家庭资产包括哪些呢？具体内容如下。

◆ **固定资产：**固定资产可分为两类，包括投资型固定资产和消费类固定资产，投资型固定资产指自用住宅、非自用住宅和艺术品等能产生收益的资产；消费类资产指汽车和电脑等一般用于家庭成员使用，不会产生收益的资产。

◆ **流动资产：**流动资产也可称之为金融资产，包括银行存款、债券、股票、基金、保险及其他管理性资产。

要妥善管理我们拥有的资产，并进行风险控制，保障财富的稳定增值，才能让个人或家庭生活过得更好，让家庭财产得到合理的保障。

2. 深入认识财产保险

财产保险的标的物是我们拥有的物质财产，而普通家庭财产保险的标的物则主要针对的是居民室内的可用货币衡量的有形财产，这类有形财产主要指以下几方面。

（1）房屋及其房屋装修设备，如固定装置的水暖、气暖、卫生、供水、管道煤气、供电设备、吊顶及墙面涂料等。

（2）室内财产，如普通家用电器、便携式家用电器、床上用品、衣物和文体娱乐用品等。

对某些实际价值难以确定的家庭财产，普通的家财险常常不予承保（经投保人与保险公司约定的除外），这类家庭财产包括以下几种。

（1）金银、首饰、珠宝、货币、有价证券、票证、邮票、古玩、文件、账册、技术资料、图表、动植物及其他无法鉴定价值的财产。

（2）处于紧急危险状态下的财产。

（3）用于生产经营的财产。

（4）其他保险单中载明的不属于保障范围的财产。

（5）其他不属于第（2）条所列范围的财产。

了解上述内容后，相信投保人已经明白了不是所有的家庭财产都是可以投保的。而投保人在确定财产保险的保险金额时，有其特殊性，它是按照保险标的实际价值，或者按照投保人的实际需要参考最大可能的损失或最大可预期的损失来确定保险金额，这与我们之前已经了解的健康险、意外险是有区别的。

由于财产的多少处于不断的变化中，因此大多数财产保险的期限较短，通常为一年或一年以内，与保险公司约定期限的除外。

财产保险的赔偿方式也有其特殊性，它是按照第一危险赔偿方式来赔偿的，即发生保险责任范围内的损失时，不论是否足额投保，保险公司都认定为足额投保，按实际损失赔偿，但最高赔偿金额不得超过保险金额。

3. 家财险如何成为财产"避风港"

家财险是一份能弥补自然灾害或意外事故造成的财产损失的保险，家财险之所以能成为财产的避风港，主要由于其保障的内容是个人家庭财产和财富。

目前，市场上的家财险险种很丰富，可满足不同家庭保障财产和财富的需要，那么家财险是如何为财产和财富提供保障的呢？下面以平安家庭财产保险产品为例，看看家庭财产保险是如何发挥"避风港"作用的。

产品分析：平安家庭财产保险

家财险弥补的是财产经济损失，在提供保障时，主要提供基本保障和附加保障，平安家庭财产保险提供的基本保障内容如图 4-1 所示。

保障项目	保险金额	保障范围
房屋	（20~2000）万元	承保由于火灾、台风、暴雨、泥石流等原因造成的房屋损失。房屋指房屋主体结构、以及交付使用时已存在的室内附属设备 （备注：本保险所称的房屋为被保险人拥有合法产权的钢筋混凝土或砖混结构的住宅 ）
房屋装修	（5~200）万元	承保由于火灾、自然灾害、外界物体坠落或倒塌等原因造成的房屋装修损失。包括房屋装修配套的室内附属设备
室内财产	（2~100）万元	承保由于火灾、自然灾害、外界物体坠落或倒塌等原因造成室内财产损失。包括便携式家用电器和手表，但不包括金银、首饰、珠宝、有价证券以及其他无法鉴定价值的财产 （室内财产保额为家用电器、家具、服装鞋帽、箱包、床上用品保额之和 ）
室内盗抢保障	（2~20）万元	承保家用电器（包括便携式电脑、移动电话、数码摄放器、照相机、摄像机等便携式家用电器）、床上用品、家具、文体娱乐用品、门、窗、锁、现金、金银珠宝、首饰、手表等室内财产由于遭受盗窃、抢劫行为而丢失，经报案由公安部门确认后，可获得赔偿。便携式家用电器部分保额为附加盗抢综合险保额的20%，现金、金银珠宝、首饰、手表部分保额为附加盗抢综合保额的10% （每次事故绝对免赔500元 ）

图 4-1　平安家庭财产保险基本保障内容

从图 4-1 可以看出，平安家庭财产保险提供的基本保障项目有房屋、房屋装修和室内财产，对于房屋，其主要保障范围为火灾、台风、暴雨和泥石流等原因造成的损失；对于房屋装修和室内财产，主要保障范围为火灾、自然灾害、外界物体坠落或倒塌等原因造成的损失。

上述三个保障项目之所以会成为基本保障，是因为这三类出险的概率较大，同时，这三类也是保费支出的主要对象。

除了基本保障外，不少保险公司也配套推出了附加保障，基本保障加上附加保障使家庭财产保障更加全面，几乎囊括了一个家庭可能发生的所有财产损失。那么附加保障主要包括哪些内容呢？下面来看看平安家庭财产保险附加保障的具体内容，如图 4-2 所示。

保障项目	保险金额	保障范围
水暖管爆裂损失	(1~20) 万元	承保因高压、碰撞、严寒、高温造成水暖管爆裂（包括被保险房屋内、楼上住户、隔壁邻居家以及属于业主共有部分的水暖管），而导致的房屋内财产损失 （每次事故绝对免赔500元）
家用电器用电安全	(1~20) 万元	承保因电压异常引起家用电器的损毁
居家责任	(1~30) 万元	承保在房屋内及房屋专属庭院、天台因发生意外事故导致第三者人身伤亡或财产损失的将获得赔偿，保险事故发生后被保险人因保险事故而被提起仲裁或者诉讼的，对应由被保险人支付的法律费用由保险公司赔偿
家政人员责任	(1~20) 万元	承保被保险人所雇用的家政服务人员在从事家政服务工作中遭受意外伤害事故，依照中华人民共和国法律（不包括港澳台地区）应由被保险人承担的经济赔偿责任
家养宠物责任	(0.2~1) 万元	承保被保险人合法拥有的宠物造成第三者的人身伤害或财产损失，依法由被保险人承担的经济赔偿。（宠物不包括藏獒、阿富汗猎犬、苏俄牧羊犬及类似大型或烈性犬只）
家居救援服务	赠送	保险期间 赠送紧急开锁及马桶疏通服务各一次，拨打服务热线4001-665-995告知保单号码，工作人员将会安排上门服务

图 4-2 平安家庭财产保险附加保障

从图 4-2 可以看出，家庭财产的附加保障主要有水暖管爆裂损失、家用电器用电安全、居家责任、家政人员责任、家养宠物责任和家居救援服务等。

由此看来，在因上述情况造成财产损失时，就可从保险公司获得相应的赔偿，从而确保家庭财产损失由保险公司分担，不让与个人生活和理财息息相关的家庭财产就此流失。

4. 如何弥补个人财产损失

近年来，银行卡盗刷、快递包裹在邮寄途中丢失的事件频发，由于银行卡盗刷追责困难，快递包裹丢失赔偿与实际损失相差甚远，这些由他人原因带来的损失似乎只能自己承担。

对于普通人来说，财富积累本就是漫长且辛苦的过程，如果无法为自家财产加把"锁"，那么多年积累的"血汗钱"被莫名"盗"去岂不可惜。面对此种情况，就需要为个人财产提供一份保障，不让损失成为负担。

针对近年频发的银行卡盗刷、快递丢失和手机爆炸等事故，不少保险公司也纷纷推出了保障计划，让这些措不及防的财产损失不再由个人承担。

保障个人财产损失的保险，其保费通常都不高，且都具有很强的针对性。下面以阳光保险公司推出的个人账户阳光卫士保险产品为例，来看看如何保障个人账户财产损失，以及在投保时如何省保费。

产品分析：个人账户阳光卫士

面对个人账户被盗刷风险，个人账户阳光卫士保险提供的账户保障类型有存折、存单、银行借记卡、银行信用卡、手机银行账户、网银账户和第三方支付账户，保障范围包括以下几方面。

（1）被保险人借记卡及信用卡被他人盗刷、复制。

（2）被保险人的借记卡及信用卡被他人在银行柜面及ATM机上盗取或转账。

（3）被保险人的个人网银账户、手机银行账户或第三方支付账户被他人盗用。

（4）被保险人或其已投保附属卡的持有人在被犯罪分子胁迫的状态下，将个人账户交给他人使用，或将个人账户的账号及密码透露给他人。

除上述保障外，投保人还可自由选择是否投保补办挂失费用。补办挂失补偿指保险期间内，因以下原因导致被保险人需对个人账户进行挂失或冻结的，所支付的挂失、冻结手续费和重新补办手续费，保险人按附加险的约定负责赔偿。

（1）个人账户发生主险合同中的保险事故。

（2）个人账户丢失或遗忘密码。

（3）其他需要挂失、冻结或重新补办个人账户的情形。

通过对个人账户阳光卫士保险产品的认识，可以看出个人账户被盗刷、盗用、转账、复制和盗取而造成的损失都能获得补偿，这就为我们频繁使用的网银、手机银行和第三方支付工具等都提供了保障。

虽然个人账户阳光卫士提供的账户保障类型较多，但对某些投保人来说并不是所有的账户都需要投保，从理财省保费的角度出发，我们只需为那些正在使用或频繁使用的账户提供保障即可。对某些人来说，他们可能并不会使用网银、手机银行、第三方支付工具，因此不用投保。

该产品提供的保额为1万～100万元，不同保额需支付的保费不同，如图4-3所示。

账户类型	保额（万元）	1	3	5	10	20	30	50	100
存折、存单账户	保费（元）	5	7.5	10	17.6	24	33.8	68	132
银行卡账户-借记卡	保费（元）	7.9	11.8	15.8	29.9	60	68.8	94.5	182.7
银行卡账户-信用卡、附属卡	保费（元）	8.9	13.1	17.5	33.3	64.4	76.4	105	203
网银账户	保费（元）	11	16.5	22	41.8	81	96.1	132	255.2
手机银行账户	保费（元）	11	16.5	22	41.8	81	96.1	132	255.2
第三方支付账户	保费（元）	5	8	11	19	28	36	72	149
所有有效个人账户	保费（元）	10	17	23	43	83	98	127.5	247

图4-3 账户资金损失的保费方案

投保人需从自身出发选择保额，比如账户中有5万元，那么就选5万元保额，不必超额投保，在赔偿时，是按照个人账户内的实际资金损失金额予以赔偿的，超额投保只会浪费保费。

目前，市场上还有其他个性化的财产保险产品，比如平安保险的手机及充电宝爆炸险和快递邮包险，中国人寿保险的手机碎屏险，华安保险的手机资金安全险和电脑资金安全险等，这类财产保险的保费通常在几元至几十元不等，投保人可根据个人需求自由选择。

5．投资与保障并存的家财险

对于许多家庭来说，他们购买家财险并不仅仅看重其保障功能，还想获得一定的投资收益。

投资型家财险是具有保险保障和投资储蓄双重功能的新型家庭财产保险产品，该类产品既能使被保险人获得财产保障，又能使被保险人在期满后获得本息，且保险期限不长，通常为一年或两年，因此适合有财产保障和短期投资需求的投保人。下面来看一款投资型的家财险。

产品分析：保赢1号投资型家庭财产保险

保赢1号投资型家庭财产保险是由天安财险公司推出的一款投资型家庭财产保险，适用于18周岁以上人群，保险期限为1年、2年或3年，该产品具有以下特色。

（1）产品年转化收益率在中国人民银行同期公布的1年、2年和3年期存款基准利率基础上，上浮0.7个百分点。

（2）保险期内，投保人除投资收益之外，同时还有一份贴心的高额家庭财产保障保险，投保人在保险期间内出现保险标的多次出险，也可以在保额内享有多次理赔服务。

（3）购买本产品，将同时享有家庭财产保障和投资资金增值收益，其中，理赔保险金和满期给付金的领取额度互不影响。

从产品特色可以看出，该产品的投资收益率在存款基准利率的基础上上浮0.7个百分点。该款产品实际的满期给付金计算方式与我们之前了解过的安邦共赢3号（航空旅客意外伤害保险）相同，如果投保期限选择3年，以当前3年期基准利率2.75%为例，假设保险期间内3年期存款基准利率不变，那么到期后的投资收益如下所示。

10000+10000×[（2.75%+0.7%）×365+（2.75%+0.7%）×365+（2.75%+0.7%）×365]÷365=11035（元）。

通过计算可知，到期后将获得利息1035元，本息总额为11035元。

除了关注该产品的投资收益外，投保人也要了解其提供的保险价值是否能满足家庭财产保障的需求，该产品每份保险中各项保险标的分配的保险金额如表4-1所示。

表4-1　保赢1号投资型家庭财产保险保险金额表　　　　　　单位：元

序号		保险标的项目	保险金额（赔偿限额）
1		房屋及室内附属设施	10000
2	家庭财产	室内装修	5000
3		家具	3000
4		家用电器	2000
每份保险小计			20000

如果投保人认为，一份该保险产品不能满足财产保障的需求，那么可以购买多份该产品，但保险金额有上限要求。除此之外，在保险期间投保人也可减少投保份数，减少后，保险金额会相应发生变化，其具体内容如下。

（1）若投保人或被保险人就同一家庭财产地址购买多份本保险，总保险金额为单份保险的保险金额乘以实际投保份数。但同一家庭财产地址无论投保多少份，其总保险金额不得超过保险标的的保险价值，超过部分无效，且总保险金额上限为40万元。

（2）在保险期间，若投保人减少投保份数，总保险金额将相应减少，减少额为减少的投保份数乘以单份保险的保险金额。但当同一个家庭财产地址减少投保份数后仍然达到20份以上（含），则该地址总保险金额仍为40万元。

投保此类型的家财险相当于将钱存在了保险公司，享受利息收益，起到保障财产安全与投资收益双重作用。除上述提到的该款投资型家财险外，安邦共赢3号（地震家庭财产保险）也属于投资型家财险。

4.2 有车一族如何量身投保才划算

汽车是许多家庭不可缺少的代步工具，同时也是不少家庭重要资产的组成部分之一。随着机动车数量的增长，交通安全事故也频频发生，而交通事故发生后会产生经济损失或人员伤亡，这笔损失常常会让家庭陷入财务危机。

根据国家统计局发最新统计数据显示，交通事故发生起数总计情况如下，2012年为204196起，2013年为198394起，2014年为196812起，其中机动车交通事故发生数和汽车交通事故发生数等数据如图4-4所示。

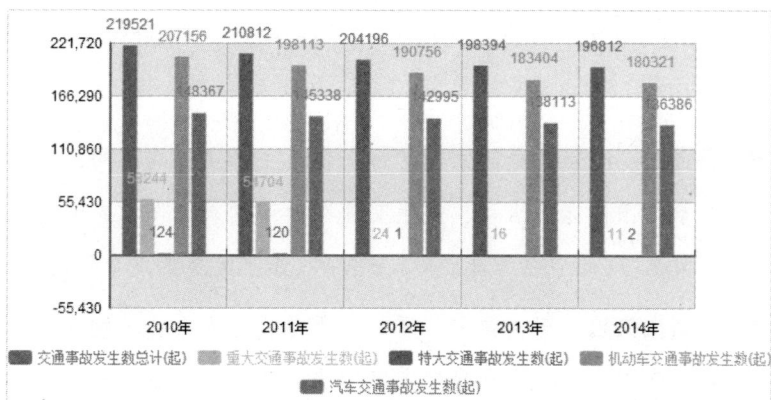

图4-4 2012~2014年交通事故发生起数统计

2012~2014年因交通事故带来的经济损失统计如图4-5所示。

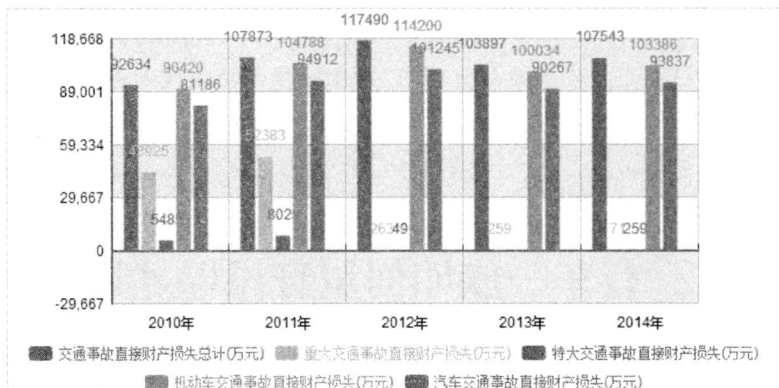

图 4-5 2012~2014 年交通事故直接财产损失

除交通事故会造成财产损失外，自然灾害也会对爱车造成损失，对拥有汽车的人来说，如果投保了车险，在面对财产损失时就可以减少经济损失，从而更好地守住财富，让家庭或个人不至于限入财务危机，仍能安心地继续进行投资理财。

1．一分钟读懂车险

车险又叫车辆汽车保险，它的保险标的包括汽车、摩托车和电瓶车等，车险主要有以下几类。

◆ **交强险**：交强险是国家规定每一位车主都必须购买的，其理赔的对象是因被保险机动车发生交通事故遭受人身伤亡或者财产损失的第三方，不包括本车、本车驾驶人、车上人员的人身和财产损失。

◆ **车辆损失险**：车辆损失险理赔对象是投保人自己车辆的损失，一般保障因意外事故和自然灾害造成的车辆损失。车损险还有其附加险种，包括玻璃单独破碎险、自燃损失险和车身划痕损失险等。

◆ **全车盗抢险**：全车盗抢险保障的是被偷、被抢过程中造成的车辆损失，由于保险标的是"全车"，因此非全车遭盗抢，仅车上零部件或附属设备被盗抢，保险公司通常不予赔偿。

◆ **车上人员责任险**：车上人员责任险主要保障车上的驾驶员或乘客的意外伤害。

◆ **第三者责任险**：第三者责任险全称商业第三者责任保险，是指被保险人或其允许的合格驾驶员在使用被保险车辆过程中发生的意外事故，致使第三者遭受人身伤亡或财产的直接损失，依法应当由被保险人支付的赔偿金额，保险人会按照保险合同中的有关规定给予赔偿。

◆ **不计免赔特约险**：通常指经特别约定，保险事故发生后，应当由被保险人自行承担的部分由保险人负责赔偿。

上述车险险种中，除交强险必须购买外，其他险种投保人可根据需要酌情购买。

2. 计算你的车辆保费有多少

对于有车一族来说，爱车的保养费和停车费就是一笔不小的开支，如果还要支付保险费，那么更会增加汽车使用的费用。在理财过程中，盘算好收入和支出，提前做好必要支出的预算，明确有多少收入可用于储蓄、投资，对实现理财目标来说是很重要的。

车险作为有车人士的一项重要开支，投保到底需要花费多少费用，需做到心中有数。对于必须开支的交强险，是国家统一规定的，根据汽车座位数的不同，私家车 6 座以下为 950 元，6 座以上为 1100 元。

而其他车险险种的保费是按照一定公式计算得来的，下面来看看其计算公式。

车辆损失险保费 = 基础保费 + 车辆购置价 × 费率

$$车上人员责任险保费 = 保险金额 \times 费率 \times 座位数$$

$$自燃损失险保费 = 保险金额 \times 费率$$

$$玻璃单独破碎险保费 = 新车购置价 \times 费率$$

$$全车盗抢险保费 = 车辆实际价值 \times 费率$$

第三者责任险的保费与车辆本身的价格无关，固定档次赔偿限额对应固定的保险费。

通过公式我们可以看出，车险保费的多少与车辆的价格和保险金额有关，在计算时可对照公式和相关险种的费率进行计算，也可使用汽车保险计算器来计算。

新浪、搜狐、汽车之家及保险公司官方网站上都提供有汽车保险计算工具，通过计算工具可以初步预估出购买汽车保险的费用。下面我们以在汽车之家·车贷网站上使用汽车保险计算器计算车险保费为例进行介绍。

Step01 进入汽车之家·车贷网站首页(http://j.autohome.com.cn/)，单击"购车计算器"选项卡，在打开的页面中单击"保险计算"选项卡。

Step02 在"保险计算"选项卡中选择车型，输入购车价格。

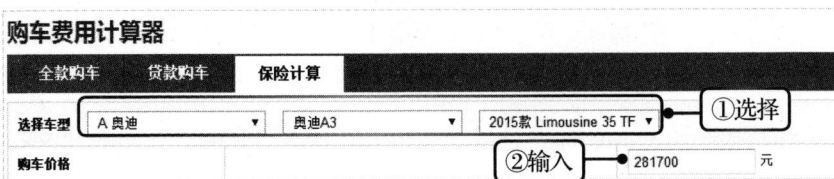

Step03 在强制保险栏中，根据车辆座位数选中相应选项的单选按钮,在"商业保险"栏中选中要投保的险种的复选框和对应选项单选按钮，即可计算

出车险保费。

强制保险	①选中			
款项	选项		金额	明细
交通事故责任强制保险	◉ 家用6座以下　○ 家用6座及以上		950　元	家用6座以下950元/年，家用6座及以上1100元/年

商业保险			商业保险小计：4,270元	
款项	选项		金额	明细
☑ 第三者责任险	赔付额度： ○ 5万　◉ 10万　○ 20万 ○ 50万　○ 100万		746　元	
☑ 车辆损失险		②选中	元	基础保费+裸车价格×1.0880%
☐ 全车盗抢险			元	基础保费+裸车价格×费率
☐ 玻璃单独破碎险	○ 进口　◉ 国产		元	进口新车购置价×0.25%，国产新车购置价×0.15%
☐ 自燃损失险			元	新车购置价×0.15%
☐ 不计免赔特约险			元	(车辆损失险+第三者责任险)×20%
☐ 无过责任险			元	第三者责任险保险费×20%
☑ 车上人员责任险			元	每人保费50元，可根据车辆的实际座位数填写
☐ 车身划痕险	赔付额度： ○ 2千　◉ 5千　○ 1万　○ 2万		元	

新车保险指导价：5,220 元 此结果仅供参考，实际费用以当地缴费为准

使用汽车之家·车贷网提供的计算器计算得出的车险保险是新车投保时的费用。如果车辆已经使用了一段时间，要计算此时的车险保费，可以使用搜狐网提供的计算器，自由选择汽车购置年限并计算出保费。

如果投保人已经选择了车险投保的保险公司，那么可以进入该保险公司官网填写车辆相关信息，获得车险报价。

3．买这几种车险最合适

通过对车险的了解，我们已经知道了车险的险种有很多，从保障的需求出发，当然是每种险种都投保，但从保险理财的角度出发，车险的保费是不得不考虑的问题，那么如何配置车险方案才合适呢？

投保人在投保时可通过以下方法让车险投保更经济实惠，而且还安全有效，具体内容如下。

◆ 交强险是车险必投的险种，除交强险外，对于新车来说，自燃损失险可以不买，主要是因为新车发生自燃的概率很低，且大多数新车在保质期内厂家都会负责，因此新车可省下这笔保费，如果是已经使用了几年的汽车，发生自燃的几率就会提高，那么最好还是购买自燃险。

◆ 对于车身划痕损失险和全车盗抢险，车主可根据地区因地制宜，如果汽车是停放在治安好的小区车库或其他停车场，那么可不用购买，如果是随意停放，那么最好投保。

◆ 第三者责任险通常都要购买，它是交强险的有效补充，可减轻被保险人因弥补第三者损失的负担，第三者责任险可根据车主经济条件来选择保费，如果保费预算不多，那么可选择较低保额。

◆ 对于新手车主来说，车损险通常都要购买，如果是有一定驾龄、车技较好的车主，且常在交通顺畅和自然灾害较少的地区行车，那么可不购买。另外，如果是新车，则最好购买。

◆ 不计免赔特约险通常不能省，因为如果不买，不计免赔的部分将自己掏腰包。当然，如果车主没有购买除交强险外的其他险种，那么该险种是不用购买的。

◆ 对于经常带父母、小孩外出的车主来说，车上人员责任险需要购买，特别是在家庭成员都没有购买意外险的情况下，更不能省。

4．如何分期付款买车险

对于某些车主来说，他们可能会遇到投保车险但资金不够的财务困境。面对这种情形，车主可能会产生这样的理财猜测，既然购车都可以分期付款，那么投保车险是否也可以分期付款呢？答案是肯定的。

目前，不少保险公司联合各大银行推出了车险分期服务，如招商银行便与永诚保险公司和华安保险公司合作推出了信用卡在线支付车险保费服务。

车主若拥有招商银行信用卡，便可通过上述合作保险公司的电话或官方网站等直销渠道投保时使用招行信用卡在线支付车险保费，且 12 个月零手续费免息分期，但仅限于 11 座及以下车主为个人非营业性轿车投保。

另外，2016 年 1 月 1 日至 2016 年 12 月 31 日，持建设银行龙卡信用卡的客户，通过平安保险公司车险分期电话销售热线投保，可办理龙卡信用卡车险分期业务，享 6 期分期付款 0 手续费的特别优惠。那么分期付款究竟有哪些好处呢？下面就来算一笔账。

假设有一车主即将为自己的爱车投保，经计算保费约为 6613 元，如果该车主持建设银行信用卡在平安保险公司投保，那么可分 6 期缴纳该保费，且零手续费、零利息。

通过计算，该车主只需每月缴纳 6613÷6=1102.17（元），即可轻松缴清全年的保费。由于分期付款可延迟支付资金，那么便可将这部分资金用于其他投资获得收益，考虑到这笔资金是必要开支，因此不能投资风险过大的理财产品，可选择投资货币基金、短期定期理财产品或定期存款等。

如果将 1102.17 元分别投资，进行投资配置，可得到以下组合。

第一份 1102.17 元：用于购买货币基金，投资期限为 1 个月，预期收益率约为 3.0%，可获得月息约 1102.17×3.0%÷12=2.76（元）。

第二份 1102.17 元：用于购买固定收益理财产品，投资期限为 2 个月，预期收益率为 3.8%，可获得利息约 1102.17×3.8%÷6=6.99（元）。

第三份 1102.17 元：用于购买票据理财产品，投资期限为 3 个月，预期收益率为 3.9%，可获得利息约 1102.17×3.9%÷4=10.75（元）。

第四份和第五份 1102.17 元：分别用于购买投资期限为 3 个月和 4 个月的借款理财产品，预期收益率为 3.1%，可获得利息约 1102.17 × 3.1% ÷ 4 + 1102.17 × 3.1% ÷ 3=19.92（元）。

第六份 1102.17 元：用于购买灵活取现、稳健增值的保险理财产品，投资期限为 6 个月，预期收益率为 3.44%，可获得利息约 1102.17 × 3.44% ÷ 2=18.96（元）。每一笔投资到期后均赎回用于缴纳保费，且不再将收益用于投资，那么总共将获得投资收益 2.76+6.99+10.75+19.92+18.96=59.38（元）。

由此看来，分期付款购车险，不仅解决了财务压力，还可为自己增加额外收益。如果投保人认为上述投资组合过于复杂，也可直接将所有资金用于购买可随时取出的货币基金，等到需要交纳保费时再赎回各期相应的保险缴费金额，这样就可让获得的收益继续用于投资，一直享受收益。除分期付款购车险可得到好处外，持银行与保险公司推出的联名信用卡购买保险也可以享受到实惠。

比如，光大银行联合安邦保险推出的"光大安邦联名信用卡"，持该卡通过电销渠道购买安邦商业车险可享受电销优惠价格，金卡客户在电销优惠价格基础上最高再享受 29%（专享 19%+10% 转保及续保无出险）的积分返还，白金卡客户在电销优惠价格基础上最高再享受 32%（专享 22%+10% 转保及续保无出险）的积分返还。

4.3 小投入如何弥补家庭财产大损失

对家中的汽车或房屋等进行投保，是以较小的投入来获得风险发生时的损失补偿，以免家庭承受毁灭性打击。在车险和家财险投保过程中，投保人掌握一些技巧可减少成本。

1. 选购家财险看清这 4 点

在选购家财险时，投保人一定要注意以下事项，以避免陷入投保误区中。

■ 不必超额投保

购买意外险和健康险，当出现保险事故后，保险金的给付方式多为定额给付（除实支实付型的医疗费用保险除外），这意味着，保费投入越多，保险金额越高，那么赔偿也会越高。

由此，部分投保人就会陷入误区，认为财产保险也是这种理赔方式，经常超额投保。而实际上，财产保险采用的是损失补偿的理赔方式，保险人会根据实际损失额来给付保险金，但以保险金额作为给付的最高限度，因此超额投保并不会让投保人得到任何好处，还会因此多花了许多保费。

■ 通常无犹豫期

财产险不同于健康险、意外伤害险有犹豫期，投保人在缴纳保费的次日，保险合同便生效，如果要解除保险合同或申请退保，会按保险天数扣取相应费用，以平安家财险为例，其退保的费用计算公式如下。

未满期退保费用 ＝ 保险费 ×（1－ 保险单已经过天数 ÷ 保险期间天数）

如果保单生效天数未满一天，仍按一天计算，剩余的保费将会退还给投保人。

■ 不需要重复投保

部分投保人可能有这样的疑问，在不同公司购买家财险，当发生保险事故时，是否就能理赔两次，最终获得的理赔金就会更高呢？其实不然，如果在不同保险公司都购买了家财险，在理赔时，不会重复多赔，而是由各保险公司来共同分担理赔金。

因此，家财险没必要重复投保，赔偿总额不可能超过保险标的的实际价值。

■ **认清不获赔偿的内容**

家财险主险通常只保障自然灾害和意外事故，并且意外事故和自然灾害也是有限制的，部分投保人认为的某些自然灾害和意外事故并不在保障范围内，以平安家庭财产保险产品为例，其不保障的意外事故和自然灾害内容如下。

（1）战争、敌对行动、军事行为、武装冲突、罢工、骚乱、暴动和恐怖活动。

（2）核辐射、核爆炸、核污染及其他放射性污染。

（3）地震、海啸及其次生灾害。

通过上述内容可知，地震、海啸等自然灾害及战争、罢工等意外事故不在保障范围内，投保人在投保时要注意这些不获赔偿的内容。

2．外出勿忘这把"保险锁"

许多家庭都有节假举家出行的习惯，家中无人，小偷入室盗窃的可能性更高。另外，若发生水管破裂等意外，也无人知晓，会造成更多财产损失。

如果投保人认为家中有人时财产并不会出现太大的安全问题，只担心离家这几天家庭财产的安全，那么要想节省保费，可购买短期家财险。短期家财险的保险期限为 7 天到一个月不等，下面来看一款短期家财险。

产品分析:"假日商旅空巢"家财综合险

"假日商旅空巢"家财综合险是阳光保险公司推出的一款短期家财险,可自由选择保险期限,包括 5 天、7 天、10 天、15 天、1 个月、2 个月和 3 个月不等,另外,提供的保障范围也可灵活选择,下面来看看该产品主要提供了哪些保障,如表 4-2 所示。

表 4-2 "假日商旅空巢"家财综合险主险保障范围

主险保障	保障内容
房屋及其室内附属设备(必选)	承保由于火灾、爆炸和雷击等自然灾害、外界物体坠落或倒塌等原因造成的房屋及室内附属设备损失
室内装修(可选)	承保由于火灾、爆炸和雷击等自然灾害、外界物体坠落或倒塌等原因造成的房屋内装修损失
室内财产(可选)	承保由于火灾、自然灾害、外界物体坠落或倒塌等原因造成室内财产损失,包括家具、家电等,但不包括金银、首饰、珠宝、有价证券以及其他无法鉴定价值的财产

除主险外,其附加险主要保障两方面内容,如表 4-3 所示。

表 4-3 "假日商旅空巢"家财综合险附加险保障范围

附加险保障	保障内容
附加盗抢保险(可选)	承保家电、床上用品、家具、文体娱乐用品、门、窗和锁等室内财产由于遭受盗窃、抢劫行为而丢失或损毁的财产,经报案由公安部门确认后,可获得赔偿
附加管道破裂及水渍保险(可选)	承保包括被保险房屋内、楼上住户、隔壁邻居家以及属于业主共有部分的水暖管突然破裂跑水、漏水而导致的被保险房屋及室内财产损失

从表 4-2 和表 4-3 可以看出,除房屋及其室内附属设备保障是必选内容外,其他都为可选项。投保人可根据需要,自由选择是否要为其他可选项投保,真正做到按需投保。

下面来看看该款产品的保费,假设投保期限为 5 天,在自由组合承保范围后，其保费金额如图 4-6 所示。

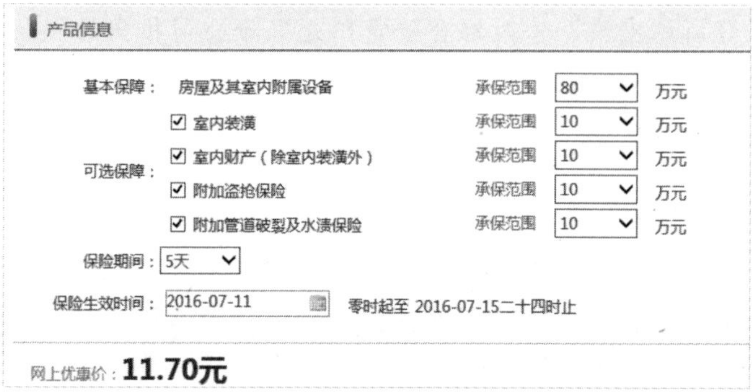

图 4-6　自由组合主附险保障后的保费金额

从图 4-6 可以看出，在房屋及其室内附属设备保障金额为 80 万元，其他可选保障为 10 万元的情况下，保费为 11.7 元。这与投保一年期的家财险相比便宜了很多，因此有短期财产安全保障需求的投保人，可购买此类家财险，即可省保费，又可保障短期出行中的财产安全。

3．车险投保如何享受最低价

2016 年 7 月 6 日，保监会发出关于商业车险条款费率管理制度改革试点全国推广有关问题的通知，该通知表明，2016 年 7 月 1 日前，各财产保险公司应停止使用北京、河北、山西、辽宁、上海、江苏、浙江、福建、江西、海南、贵州、云南、西藏、甘肃、深圳、大连、宁波和厦门等 18 家保监局所辖地区原商业车险条款、费率，并及时启用经我会批准的新商业车险条款、费率。

新一轮商业车险费率改革是在 2015 年 2 月开始启动的，到 2015 年 6 月，黑龙江、山东、广西和重庆等地区正式试点。对于有车一族来说，他们最关心的是车费改后，保费和保险责任是否会发生变化。下面就来看看车费改后会有哪些变化，具体内容如下。

◆ **保险责任变化**：车费改后保险责任有所扩大，车辆未挂牌出现交通事故，新条例可赔。将第三者责任险中的"被保险人、本车驾驶人及其家庭成员的人身伤亡"列入了承保范围。

◆ **保费调整**：车险费改前的车险保费计算方式主要按照新车的购置价来缴纳保费，车险费改后保费将与车辆违章次数及理赔次数有关，也就是说低风险车主可享更低保费，而那些出险次数多的车辆，保费则会上涨。

车主可能会问，为什么车险费改后，出险次数多的车主要缴纳的保费会增加，这是因为保费的计算方式发生了变化。

车险费改前：保费 =（车价 × 费率 + 基础保费）× 调整系数

车险费改后：保费 = 基准纯风险保费 ÷（1- 附加费用率）× 费率调整系数

改革后的费率调整系数 = 无赔款优待系数 × 交通违法系数 × 自主核保系数 × 自主渠道系数

从保费的计算方式可以看出，车险费改后的费率调整系数主要是对保险标的进行风险判断，相同购置价的汽车，因风险差异的不同，保费也会有所不同。

下面我们以无赔款优待及上年赔款记录费率系数为例，看看车险费改前后费率的差异，如表 4-4 所示。

表 4-4 **无赔款优待基准费率系数**（全国推广版，除北京和厦门外）

项目	原系数	调整后的系数
连续 3 年没有发生赔款	0.7	0.6
连续 2 年没有发生赔款	0.8	0.7
上年没有发生赔款	0.9	0.85
新保或上年发生赔款	1.0	1.0

续表

项目	原系数	调整后的系数
上年发生 2 次赔款	1	1.25
上年发生 3 次赔款	1.1	1.50
上年发生 4 次赔款	1.2	1.75
上年发生 5 次赔款及以上	1.3	2.0

通过对车险费改新规和相关费率的了解，我们可知，做到以下几点，投保车险将会少花钱。

◆ **小刮小蹭少处理**：对于一些小的交通事故，如小刮小蹭，如果维修费并不高，或者说车辆本身也没有受到太大影响，那么能与他人协商解决的尽量协商，不要报险。

◆ **不能任性驾驶**：许多"路怒族"往往会以开"斗气车"等方式泄愤，这种做法并不明智，严格遵守交通规则，文明、理性驾驶，尽量减少出险次数才是正确做法。

◆ **买车还要看零整比**：零整比指配件与整体销售价格的比值，即市场上该车型全部零配件的价格之和与新车销售价格的比值，零整比越高，车险费率可能越高。

◆ **看费率表**：车险费改方案运用了全国车险行业多年来的理赔数据，不同的车型对应不同费率表，在同一价位中选择车型时，尽量选择费率相对低的车型。

.05

. PART.

掌握分红
险知识

用分红险
获取收益

避开分红险
购买"雷区"

投资分享红利的分红型保险

投保人利用保险解决了疾病和意外事故等保障后，还要考虑如何通过保险来提高生活质量。在保险理财产品中，一种叫做分红型保险的保险产品，能让投保人以红利的方式分享保险公司的经营成果。

5.1 掌握分红险必要知识

分红险属于人寿保险产品的一种，不同于普通人寿保险，它具有分享红利的特点，目前，分红险不仅成为许多人必备的养老工具，还成为许多人投资理财的一大手段，下面就一起来认识分红险。

1．红利的分配方式

分红险的投资收益来自于保险公司经营成果的红利分配，分红保单的红利主要来源于"三差收益"，即费差益、死差益和利差益，由于分红关系着投保人的收益，红利如何分配对投保人来说就很重要了。

分红险红利的分配方式主要有两种，分别为现金红利法和增额红利法，下面分别来认识这两种红利分配方式。

■ 现金红利法

现金红利法是指每个会计年度结束后，保险公司根据当年的业务盈余来决定可分配盈余，各保单根据对总盈余贡献值的多少来决定红利的多少。

在现金红利法下，红利的领取方式主要有三种，分别是留存保险公司累计生息、抵扣下一期保费和以现金支取红利，三者的具体内容如下。

（1）留存保险公司累计生息：指将红利留存于保险公司，按公司每年公布的红利累计利率按复利方式累计生息，直至合同终止或投保人申请领取时给付。

（2）抵扣下一期保费：指将红利收益用于抵扣下一期应交保费金额。

（3）以现金支取红利：指直接用现金的方法发放红利。

现金红利法分配方式较为透明，但红利不能被有效利用，保险公司的可投资资金会减少，一定程度上会影响总的投资收益。

■ 增额红利法

增额红利法指以增加保单现有保额的形式来分配红利，投保人通常要在发生保险事故后、期满或退保时才能拿到红利。

在增额红利法下，投保人只能将红利用于增加原保单上的保险金额，而且红利的支配方式单一。由于保险公司不存在红利现金流出的压力，便可增加长期资产投资比例，这在一定程度上会提高总的投资收益。

有些分红险可由投保人自主选择红利领取方式，而有些分红险则已经规定了领取方式，图 5-1 所示为某分红险保险合同中关于红利分配方式的条款内容，可由投保人自主选择两种红利分配方式。

4.1	保单红利的确定	本合同为分红保险合同，在每一保单年度，如果本合同有效，我们将根据分红保险业务的实际经营状况决定是否向您派付红利分配。如果有红利分配，我们将在保单红利派发日根据保险监管机关的规定确定向您分配的红利金额。
		保单红利派发日为本合同生效日在每年的对应日，如果当月无对应的同一日，则以该月最后一日作为对应日。
		每一保单年度，我们将向您提供一份红利通知书。
		本合同在效力中止期间不参与红利分配。
4.2	保单红利的领取	您在投保时可选择以下任何一种红利领取方式。
		（1）现金领取：您可以在保单红利派发日领取红利，如果您未能在保单红利派发日领取，红利留存在本公司期间不产生利息。
		（2）累积生息：红利留存在本公司，按我们每年确定的利率以复利（见10.13）方式生息，并在您申请或者本合同终止时给付。
		如果您在投保时未选择红利领取方式，我们将默认您选择累积生息作为红利领取方式。
		留存于本公司的红利与累积利息将不参与红利分配。

图 5-1 某分红险保险合同红利分配方式

2．分红型保险的主要特征

不同的保险产品有着不同的特点，投保人要更好地进行保险理财，就要清楚各保险产品自身的特点和优势，以便选择更适合自身需求的保险。下面我们以国寿福满一生两全保险（分红型）为例，来看看分红险具有哪些特点。

产品分析：国寿福满一生两全保险（分红型）

国寿福满一生两全保险（分红型）是由中国人寿保险公司提供的一款分红型保险，购买该产品后，保险公司会承担的保险责任如表5-1所示。

表5-1　保险责任

项目名称	内容
特别生存金	若被保险人生存至合同的年生效对应日，保险公司每年按合同首次交纳的保险费的1%给付特别生存金
关爱金	在合同约定的福寿金开始领取日前，若被保险人生存至合同的年生效对应日，保险公司每年按基本保险金额的10%给付关爱金
福寿金	自合同约定的福寿金开始领取日起至被保险人年满74周岁的年生效对应日止，若被保险人生存至合同的年生效对应日，保险公司每年按基本保险金额的20%给付福寿金
满期保险金	被保险人生存至年满75周岁的年生效对应日，保险公司按基本保险金额的100%给付满期保险金，同时合同终止
身故保险金	被保险人于合同生效之日起至年满18周岁的年生效对应日前身故，按合同所交保险费（不计利息）给付身故保险金
意外伤害身故保险金	被保险人于合同生效之日起遭受意外伤害，并自意外伤害发生之日起180日内因该意外伤害导致被保险人于年满18周岁的年生效对应日起至本合同约定的福寿金开始领取日前身故，公司按上述第五款的约定给付身故保险金后，再按基本保险金额的800%给付意外伤害身故保险金，合同终止

通过身故保险金和意外伤害身故保险金可以看出，分红险作为保险产品的一种，也具有保障功能，只是保障功能较弱，通常只提供身故和重大疾病等基本保障。

另外，该产品还提供特别生存金、关爱金、福寿金和满期保险金，由此可见，分红险还具有理财的功能。

查看该产品的保险合同可以看到"红利事项"条款，该条款的具体内容如下。

在本合同保险期间内，在符合保险监管机构规定的前提下，本公司每年根据上一会计年度分红保险业务的实际经营状况确定红利分配方案。如果公司确定本合同有红利分配，则该红利将分配给投保人。

从"红利事项"条款可以看出分红险的另一个特点，那就是可享红利收益，红利收益体现了分红险的投资价值。

红利分配是根据保险业务的实际经营状况来确定的，由此可见，红利收益的多少是不确定的。但保险公司作为专业的金融机构，只要在经营良好的情况下，通常都能保障分红产品有一定的收益，除非保险公司的可分配盈余为负或零。

即使没有分红收益，投保人还能获得其他保险金给付，由此可见，投保分红险的风险较小，它属于收益稳健的保险理财产品，投保人利用一部分资金投资股票、黄金等风险较高的理财产品后，再利用一部分资金用于购买分红险，可起到分散投资风险的作用。

分红型保险的特点决定了分红险更适合于追求稳健收益的投资者，如果是一味追求高收益的投资者，分红险的投资收益可能难以令人满意。

3．了解你的保费投入渠道

分红险会为投保人设立一个分红投资账户，分红账户的投资会在满足保险资金运用的安全性、流动性和收益性要求的基础上，谋求投资账户的稳健增值，这决定了分红险选择的投资渠道不会太激进，通常会投资于以下渠道，如图5-2所示。

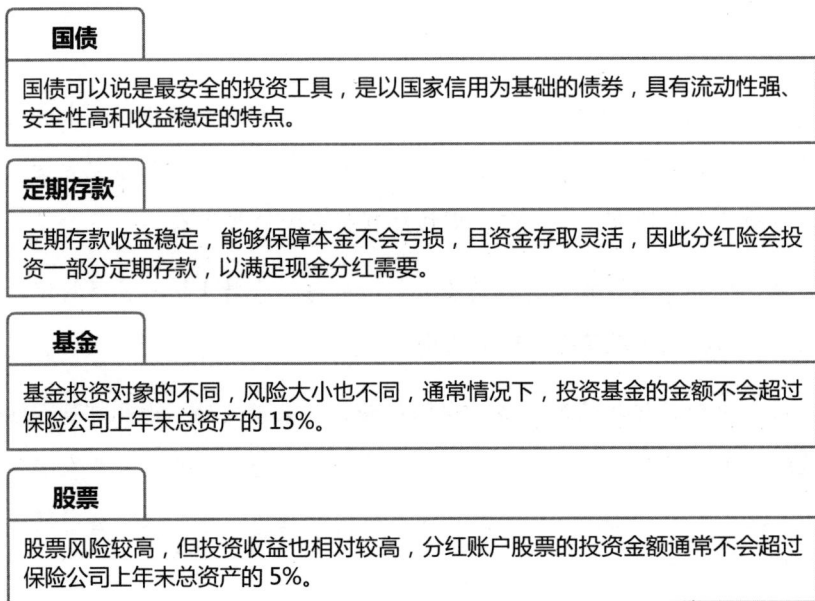

国债

国债可以说是最安全的投资工具，是以国家信用为基础的债券，具有流动性强、安全性高和收益稳定的特点。

定期存款

定期存款收益稳定，能够保障本金不会亏损，且资金存取灵活，因此分红险会投资一部分定期存款，以满足现金分红需要。

基金

基金投资对象的不同，风险大小也不同，通常情况下，投资基金的金额不会超过保险公司上年末总资产的15%。

股票

股票风险较高，但投资收益也相对较高，分红账户股票的投资金额通常不会超过保险公司上年末总资产的5%。

图 5-2 分红险投资渠道

除上述投资渠道外，分红险还会投资于大型基础设施建设及固定收益类产品，可以看出投资渠道比较多样化，大多属于投资期限较长、收益稳定的产品，小部分为风险较大的产品，因此可以在投资回报稳定的情况下，使收益获得一定程度的提高。

4．分多分少的依据是什么

对于投保人来说,他们都比较想知道购买分红险产品能得到多少收益,而根据保险法规定,保险公司要将可分配盈余的70%分给投保人,而可分配盈余包括可分配利差盈余和可分配死差盈余,两者的具体含义如下。

◆ **利差盈余**：是指实际的投资收益高于预期的投资收益时所产生的盈余。

◆ **死差盈余**：是指实际的死亡发生率与预计的死亡发生率出现偏差所产生的盈余。

通俗来讲,利差盈余和死差盈余分别是保险公司的投资收益率、死亡率与评估假设的差异产生的收益,若为重大疾病保险,死差盈余还包括重大疾病发生率与评估假设的差异产生的收益。

在前面我们已经知道了投资者享受的红利主要来源于利差盈余和死差盈余,而盈余的多少主要取决于保险公司分红保险业务的实际经营成果,其影响因素包括投资收益、理赔情况和营业费用等多种因素。

由于不同的保单其保费、险种、保额和被保险人性别等因素的不同,因此不同的保单红利分配的多少也会存在差异。由此可见,分红险的红利收益存在不确定性,分红可能为几十元,也可能上千元。

投保人若想了解分红险红利收益情况,可通过保险公司提供的保险利益测算表来了解,但在查看保险利益测算表时要注意,测算表上的数据是根据保险公司的系统精算及其他假设得出的结果,只能作为参考,不能代表保险公司的历史业绩。

在保险利益测算表中,可以看到低、中、高三档不同的红利分配数据,下面来看看某分红险的保险利益测算表中红利预测数据,如表5-2所示。

表 5-2　红利预测数据　　　　　　　　　单位：元

保单年度	保险费		当年红利			累计红利		
	期交保险费	累计保险费	低	中	高	低	中	高
1	2133	2133	7	27	46	7	27	46
2	2133	4266	17	67	117	24	94	165
3	2133	6399	27	108	189	51	205	359
4	2133	8532	38	150	263	91	361	632
5	2133	10665	48	194	339	142	566	990
6	2133	12798	60	238	417	205	821	1436
7	2133	14931	71	284	496	283	1129	1976
8	2133	17064	83	330	578	374	1493	2613
9	2133	19197	95	378	662	479	1916	3353
10	2133	21330	107	427	748	600	2401	4201

　　通过表 5-2 可以看出，除第一个保单年度外，累计红利低、中、高档的收益比当年红利的收益要高，这是因为累计红利可将第一年红利收益计入下一年本金，用于累计生息。

　　由于该保单的保费缴纳方式是期缴，因此保单开始的那一年红利较少，随着缴费次数的增加，红利也随之增加。

　　对于一次性交清保费的投保人来说，在保单开始的第一年就可能收获较高的红利，而随后几年获得的红利与第一年的红利相差就不会太大。

　　在红利预测表中，低、中、高档分别表示了红利收益的不同层次，通常情况下，低档比较靠谱，中档可能无法完全保证能够实现，而高档的参考价值比较低。因此投保人在查看预测表时，可以重点分析低档和中档的数据。

购买了分红险的投保人，如果想要了解自己手中分红险每年分红的具体收益，可通过保险公司每年向投保人提供的一份红利通知书中了解，在红利通知书中会告知投保人上一年度其购买的分红险分红情况。

投保人如果没有收到分红通知书，可拨打保险公司客服电话查询，或进入保险公司官方网站，登录在该保险公司官网注册的个人账户，查询电子档的红利通知书。

5.2 如何利用分红险获取收益

> 为满足不同投保人的需求，分红险产品的设计方式也更加多样化，有养老型分红险和年金型分红险等。那么分红险除分红外，还有哪些其他价值呢？下面就来看看分红险的其他价值，以及如何选对分红险。

1. 从投资角度看分红险

前面我们已经了解了分红险的投资渠道有哪些，由于这些投资渠道多样化，使得分红险能够拥有较高且稳健的投资回报，从长期看，分红险的红利收益会比定期存款的收益高，因此从投资理财的角度出发，可以看出分红险还是具有一定投资价值的。

但是投保人要知道，如果想通过分红险的红利收益来获得高回报，似乎不太现实，由于分红险安全性高，因此其投资收益并没有股票或指数基金等风险较高的产品高。

虽说分红险的红利收益可能比不上高风险理财产品的收益，但其还提供了其他保险利益，这些保险利益再加上其产生的红利收益，就使得分红险同样具有很高的投资价值，为什么这么说呢？下面我们以泰康璀璨人生年金计划（分红型）为例，看看该分红险除红利收益外，还有哪些投资价值。

产品分析：泰康璀璨人生年金计划（分红型）

泰康璀璨人生年金计划（分红型）是泰康人寿保险公司推出的一款理财型保险，该产品为 15 岁至 50 周岁人群设计，保险期间可至被保险人 99 周岁。交费方式可选一次性交清，也可选 5 年、10 年或 15 年交清。

由于是分红型保险，因此投保人可享保险公司的经营成果，除分红外，投保人还可以获得其他金额给付。

假设一投保人为 30 周岁男性，为自己投保该产品，保费的交纳期限为 15 年，每年交 1 万元，那么被保险人在犹豫期结束的次日，即可获得一部分除分红外的"收益"，下面来看看该投保人可获得什么，如表 5-3 所示。

表 5-3　利益演示表部分内容　　　　　　单位：元

保单年度	被保险人年度末年龄	保险费		当年生存类保险金给付金额	身故保险金给付金额	年度末现金价值（不含年度末生存给付）
		期交保险费	累计保险费			
1	31	10000	10000	3060	10000	1450
2	32	10000	20000	1530	20000	5520
3	33	10000	30000	1530	30000	10530
4	34	10000	40000	1530	40000	16030
5	35	10000	50000	1530	50000	21820
6	36	10000	60000	1530	60000	27920

续表　　　　　单位：元

保单年度	被保险人年度末年龄	保险费		当年生存类保险金给付金额	身故保险金给付金额	年度末现金价值（不含年度末生存给付）
		期交保险费	累计保险费			
7	37	10000	70000	1530	70000	34350
8	38	10000	80000	1530	80000	41100
9	39	10000	90000	1530	90000	48210
10	40	10000	100000	1530	100000	55680

从表5-3可以看出，该投保在31周岁时即可领取保险公司给付的生存保险金，该保险金可领至被保险人99周岁。在利益演示表中，生存保险金给付金额除第一年外，其他年份为稳定的1530元，再加上每年的红利收入，这就可保证每年都有保险金可领，且有稳定的现金流。

另外，被保险人若在65周岁前身故，可一次性领取身故保险金，身故保险金的数额取决于投保人已交纳的保险费总额与被保险人身故之日现金价值的较大者。如果被保险人在65周岁后仍然健在，那么将得到保险公司给付的祝寿保险金15万元。

由此可以看出，投保人投保该产品，不仅能年年享分红，还能年年获得给付的生存金，直到99周岁。这笔收益可作为孩子上学的教育金，也可作为父母或者自己的养老金，以此来提高生活质量。

2. 买对适合的分红险

目前市场上的分红险产品是比较丰富的，不同的产品具有不同的特点，投保人还要学会买对适合自己的分红险，才能让分红险真正"为其所用"，那么分红险究竟应该如何购买呢？

购买分红险的投保人不应只关注分红险的收益，因为与其他理财产品相比，分红险的收益并不具备优势，通常只能用于抵御通货膨胀。但分红险提供的保障功能是理财产品所没有的，因此投保人在购买分红险时，也要了解自己的保障需求，从保障为先、分红为次的角度出发选分红险。

分红险也有保障型和投资型之分，投资型分红险更看重收益，而保障型分红险更注重保障功能，其分红只是附加的功能。下面就来了解一款投资型分红险，看看适合哪些人购买。

产品分析：龙生福瑞2号两全保险（分红型）

龙生福瑞2号两全保险（分红型）是由建信人寿保险公司提供，由建设银行销售的一款银保产品，该产品适用于出生满30天至70周岁的人群，交费方式为一次性交纳，保险费每份1000元，最低购买10份，递增保费需为1000元的倍数，保险期间为5年，5年满期后可一次性领取满期金和红利。

由于该产品是一款投资型分红险，因此保障功能较弱，仅提供了普通身故和公共交通意外身故保障。

该产品的投资收益体现在5年期满后可领取最高112.6%已交保费的满期保险金，且可享受保险公司上一会计年度经营盈利分配的红利，红利领取方式为累积生息，合同效力终止时，投保人可一次性领取红利本息。

也就是说，假设投保10000元，那么可获得的保险利益如下。

（1）满期保险金：11260元。

（2）保险期间内，享有112600元的身故保障，225200元的交通意外伤害身故保障，两者不可兼得。

（3）合同有效期内，若需要资金周转，可以申请保单借款。

（4）根据分红保险业务上一会计年度经营状况分配相应的红利，红利领取方式为累积生息。合同效力终止时，保留在保险公司的红利本息将一次性付清给投保人。

通过对上述产品的了解，可知投资型分红险大多属于银保产品，保费交费方式多为一次性交清，且需交纳的保费较多，保障功能较弱，期限较短，大多只提供身故和伤残保障，且意外死亡的保障额度一般为所交保费的 2～3 倍，而自然或疾病死亡给付的保险金通常只略高于所缴保费。

因此投资型分红险适合于对保障功能要求较弱、收入较高、有一定资产积累且短期内没有计划动用该笔投资资金的人群。

相比投资型分红险，保障型分红险保障期限更长，其分红往往只是附加的功能，下面就来看一款保障型分红险。

产品分析：太平盛世金享终身年金保险（分红型）

太平盛世金享终身年金保险（分红型）是由太平保险公司打造的一款递增式领取的终身型保险理财产品，适用于出生满 30 天至 60 周岁人群，其阶梯式递增返还方式可满足不同阶段的人生资金需求。

其交费方式为期交，投保后，60 岁前（含 60 周岁），每年可领取 5% 基本保额的生存金；60 岁后，领取比例翻 4 倍，为基本保额的 20%。

该分红险的分红方式为增额分红，以增加基本保险金额的方式实现红利分配，增额部分也可参加以后各年度的红利计算。下面来看看该产品提供了哪些保险利益。

假设一 30 周岁投保人为自己购买了 54.1 万元保额的该产品，选择 8 年交费，年交保费约 25.02 万元，那么该投保人可获得的保险利益如下。

（1）生存金。在 60 周岁前每年至少收益 2.705 万元，60 周岁后每年至少收益 10.82 万元，直至终身。

至60周岁按红利累计可领取约126.7万元（高）、106.2万元（中）或90.6万元（低）。若至80周岁，按红利累计可领取约877.3万元（高）、574.1万元（中）或390.4万元（低）。

若将生存金留在保险公司，可享受复利计息的累积生息，实现资金的二次增值。累积至105周岁，领取额将高达约6139.7万元（高）、3703.9万元（中）或2401.9万元（低）。

（2）身故保障。享有终身身故保障，按已交保费减去60周岁后累计领取的生存金的差额给付身故保险金，若为负值，则身故保险金为0。

通过对该款产品的了解，可知保障型分红险交费方式多为期交，交费期较长，在固定领取生存金的同时可享身故保障，且保险期限较长。

因此保障型分红险更适合于收入稳定、有养老需求或者对孩子未来教育金储备有需求的人群。

3. 放大分红险理财收益

在保险理财规划中，分红险能够起到分散风险和财富管理的作用，但对于有中长期投资需求的投保人来说，分红险的收益可能不能满足其追求更高收益的需求。

为了适应市场的变化，部分保险公司推出了"分红险＋万能险"组合型保险理财产品。这样的组合可以说是分红险的升级版，它通过分红、万能双账户投资增值，使投资更安全、收益更高。下面我们以富贵年年年金保险（分红型）为例，看看该产品是如何实现更高收益的。

✅ 产品分析：富贵年年年金保险（分红型）

富贵年年年金保险（分红型）是阳光保险公司为出生满30天至55周岁的人群设计的一款分红险，同时也是一款"分红型＋万能型"组合保险产品。该产品由富贵年年年金保险（分红型）和附加财富账户年金保险B款（万能型）共同构成。

保险公司给付的生存年金、红利和追加的保费都可免费进入万能账户，使投保人在拥有分红收益的同时还能享有万能账户的复利增值，双重增值功能可让财富增长更快。

在投保时，该产品自动设置万能账户，投资者可选择在投保时无初始费用地向万能账户中追加以后各期所需交纳的保费之和，用于自动抵交保费，同时生存年金与当年度红利也无初始费用地进入该账户累积生息。

由于该万能账户保证最低投资收益率为2.5%，坚持稳健的投资理念，根据各类资产的风险收益差异进行组合筛选，以实现在控制风险的同时获得长期稳定收益，因此能够保证投保人不变固定收益，且可以增加投资收益，实现了安全性和收益性的平衡。

对于有更高投资收益要求的投保人来说，此类型产品是非常理想的理财选择。

🌥 5.3 避开分红险购买"雷区"

分红险是近几年来备受消费者关注的理财险之一，利用分红险进行保险理财时，除了要在充分了解分红险的特征后再购买外，还要理性选择，避免陷入分红险的购买误区。

1. 选择合适的分红方式

前面我们已经了解了分红险的分红方式，对于分红方式，究竟哪种更好，该如何选择，可能有些投保人还不是很清楚。其实分红方式没有孰好孰坏，投保人在选择时，需根据自身未来现金流的需求来确定。

在未来，每个家庭或个人的收入会发生一定的变化，投保人如果预测未来对现金有需求，比如需要补充家庭生活开支或子女教育费用支出等，那么可选择现金分红，以保证未来有稳定的现金流入。

如果投保人未来有稳定的收入能够满足生活各项开支，那么可选择累积生息，这样可使自己享受更高的投资收益。

对于期交保费的投保人来说，选择抵交保费与现金分红差别不大，抵交保费可使自己当年需要支付的保费减少，与现金分红相比，抵交保费可省去办理红利领取的手续。

另外，投保人在投保时要注意，并不是所有的分红险的红利领取方式都可由投保人自主选择，某些分红险红利分配方式是提前约定好的，投保人不能自主选择，如图 5-3 所示的某保险公司保险条款中规定了红利分配方式为储存生息，但投保人可申请给付。

④ 保单红利

4.1	保单红利	本主险合同为分红保险合同，您享有参与分配我们分红保险业务可分配盈余的权利。 在本主险合同有效期内，我们每年根据分红保险业务的实际经营状况确定红利分配方案。保单红利是不保证的。 若我们确定本主险合同有红利分配，则该红利将于保单周年日分配给您，我们会向您寄送每个保单年度的分红报告，告知您分红的具体情况。 每一保单年度的红利在保单周年日分配后，按我们每年确定的利率储存生息，并于您申请或本主险合同终止时给付。 若在保单年度中本主险合同终止，我们会将上一红利派发日至合同终止日期间的红利以现金的形式分配给您。

图 5-3 储存生息红利分配方式

2．不可只关注短期回报

在通货膨胀的环境下，分红险的保值增值功能成为不少人抵御通胀的重要工具。作为一种具有投资理财作用的保险产品，许多人常常将"满期返还"与储蓄划等号，实际上作为不同的理财工具，两者没有可比性。

分红险理财要想获得丰厚的投资收益是需要时间的。不管是保障型分红险还是投资型的分红险，其投资期限都应该为中长期，而保障型分红险则更是时间越长，保险价值越高。

通常投保人需领取保险金几年以上，才可能抵消自己所交纳的保费，如果只看重短期的收益，可能会让投保人失望，如果忽视自身的投保能力，而导致无力续交保费，不得不退保，可能遭受大笔损失。

分红险作为一种稳健的保险理财产品，需要时间检验，某些投保人热衷于购买期限较短的分红险，认为短期就能获得投资收益，实际上，这样的做法并不适合分红险投资。

由于短期内通常无法看出保险公司的经营能力，只有期限长才能看到可观的投资收益，因此分红险只有持有期限越长才越有投资价值。

当然，选择经营能力强的保险公司的分红险更可能获得高收益，因此投保要选择经营能力强、实力较强且业界口碑好的保险公司。投保人可在保险公司官方网站上，通过查看历史披露信息来了解保险公司的经营状况，以此来衡量和选择保险公司。下面以平安保险为例看看如何在平安财险官方网站上查询历史披露信息。

Step01 进入平安财险首页（http://property.pingan.com/），在"公开信息披露"下拉列表中选择"年度信息披露报告"选项。

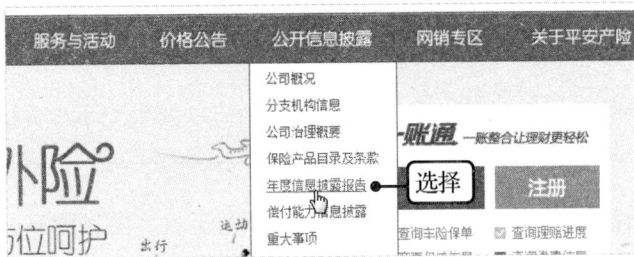

Step02 在打开的页面中选择要查看的信息披露报告，比如单击"中国平安财产保险股份有限公司 2015 年年度信息披露报告"超链接。

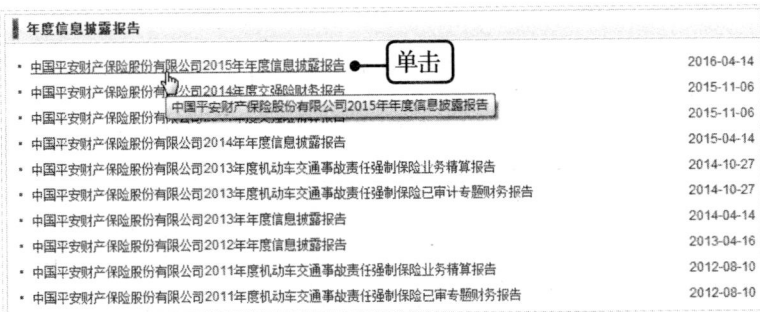

Step03 在打开的页面中可以查看到公司简介、财务会计信息和偿付能力等信息，如下所示为利润表。

（六）公司利润表

单位：人民币元

	附注	2015 年度	2014 年度
一、营业收入		145,186,148,455	116,870,129,306
保险业务收入	八（33）	163,687,625,123	142,879,481,802
其中：分保费收入		46,755,214	22,142,121
减：分出保费		(19,119,679,372)	(19,949,170,744)
提取未到期责任准备金	八（34）	(10,502,132,286)	(13,497,346,087)
已赚保费		134,065,813,465	109,432,964,971
投资收益	十四（10）	10,211,453,782	6,746,370,694
公允价值变动损益	十四（11）	33,454,471	458,706
汇兑收益/（损失）		59,206,467	(3,253,278)
其他业务收入		816,220,270	693,588,213
二、营业支出		(129,512,737,672)	(104,915,546,705)
赔付支出	八（37）	(74,333,441,667)	(64,981,168,617)
减：摊回赔付支出		8,952,373,411	9,009,034,904
提取保险责任准备金	八（38）	(12,552,330,127)	(8,329,400,758)
减：摊回保险责任准备金		1,915,971,058	1,225,368,292

3. 高成本的分红险退保

在签订分红险保单后，一般都有 10 天左右的犹豫期，在犹豫期内申请撤销保险合同，保险公司会无息全额退还保费，但如果在保单生效后再退保，很可能会承担高额的退保成本。这是因为犹豫期后，表示投保人已同意该保险合同成立，此时投保人再申请退保，那么只能拿回部分金额，即合同约定的现金价值。

现金价值指保险单所具有的价值，每份保单年度末的现金价值会载明在保险单上，投保人可根据现金价值表来了解自己退保时可获得多少保费。表 5-4 所示为某分红险现金价值表部分内容。

表 5-4　现金价值表　　　　　　　　　　　　　单位：元

保单年度	期交保费	累计保费	年度末现金价值
1	7150	7150	3150
2	7150	14300	7050
3	7150	21450	11500
4	7150	28600	16600
5	7150	35750	22300

从表 5-4 可以看出，若投保人在犹豫期后的第一个保单年度退保，那么只能拿回 3150 元保费，而第一年所交保费为 7150 元，可见退保成本颇大，高达 4000 元。

由于分红险还有红利收益，因此其现金价值还可能包括红利分配，但该表中的现金价值没有包含红利收益，这是因为红利分配的收益无法提前确定，因此未在保单中载明。

由表中的数据可知，即使现金价值加上红利收益，投保人退保仍会损失很多资金，因此犹豫期后退保要谨慎。

4．避免陷入这些投资误区

虽说分红险有着自身的优势，但购买时仍要谨慎，如果陷入了投资误区，可能不仅没起到保障与投资的作用，还会给投保人带来麻烦，下面来看看要避免陷入哪些分红险投资误区。

◆ **分红险不是人人都适合**：对于老年人来说，购买分红险并不合适，这是因为老年人更需要的是保障，且年龄越大，生存金和分红的领取年限相对就越短，如果不能享受长期的分红险投资收益，那么购买分红险是不划算的。

◆ **选择经营能力不强的保险公司**：分红险的投资回报与保险公司的盈利能力有关，为获得更多的分红收益，投保人就要尽量选择那些经营能力较强的保险公司而不是经营能力弱的保险公司。

◆ **保费支出不适当**：在投资理财过程中，每年用于保险理财的支出应占家庭收入的 10% ~ 20% 之间，而在保险理财方案中，车险、意外险和健康险等保障型保险会占有一部分，因此分红险的投资应只占其中的一小部分，而不应将全年预算的所有保费都用于分红险投资。

◆ **分红险不一定会分红**：前面我们已经知道，分红险的分红收益主要来源于保险公司的可分配盈余，由于可分配盈余是不确定的，因此分红险也可能不会分红，另外投保人要清楚，大多数分红险的红利只是附加的投资功能。

◆ **不同险种片面比较**：许多投保人在购买分红险时常常会把不同的分红险产品的红利进行比较，实际上，不同的分红险产品在保障和红利分配方式上都有一定区别，不要将不同分红险的红利作片面的比较。

认识投
连险

如何选择
投连险

投连险投
资要点

保障和投资兼得的投连险

　　在保险理财产品中，投连险是可以让投保人享受到低档、中档和高档等不同收益水平的保险产品，因此成为不少投保人的"理财神器"。投连险购买灵活，普通投保人利用闲钱也可进行投连险投资，从而让小钱也能有大作为。

6.1 集保险和投资于一身的投连险

> 投连险全称为投资连结险，是一种新形式的终身寿险产品，集保障与投资于一身，其投资收益和风险因账户资金投资比例而不同，投资风格可攻可防，因此更能抓住财富增值的机会。

1. 投连险的主要特征

"投资有收益 + 风险有保障"的投连险是目前保险市场上备受关注的保险理财产品，它具有以下特点。

◆ **更明显的投资功能**：投连险更强调投保人资金的投资功能，保险公司在收到保费后，会为投保人设立单独的投资账户，投资策略不同，投资账户的风险大小也会不同。

◆ **投资门槛灵活**：投连险投资门槛较低，可1元起投，也可千元起投，保费的交纳方式可选趸交，也可以选期交，或者期交和趸交共存。在支付初期保费后，投保人可在任意时间递增任意金额的保费。

◆ **专家帮忙理财**：投连险与基金有相似之处，投资投连险相当于将投资资金交给保险公司，让保险公司的投资管理团队使用投保人支付的保费进行投资，而投保人则坐享其成。

◆ **资产管理透明**：投连险与股票、基金类似，投连险账户中的资产由若干个标价清晰的投资单位组成，资金收益体现为单位价格的增加，投保人可通过网络查询投资账户的资产价值，使投保人对自己的投资收益明明白白。

◆ **享受全部收益**：投保人享受投资账户中的全部收益，保险公司不参与收益分配。

◆ **保障功能**：投连险可向投保人提供人身保障功能，包括身故和伤残等保障。

◆ **灵活转换**：投连险的投资账户之间可灵活转换，投资者可根据行情走势抓住获利机会。

2．如何具有保障和投资功能

投连险的保障和投资功能体现在账户的分配上，下面我们以招商信诺提供的运筹帷幄投连险为例，看看投连险是如何兼顾投资和保障功能的。

产品分析：招商信诺运筹帷幄投连险

运筹帷幄投连险适合 18 ~ 60 岁的人群进行投资，其所交保费会分为两个基本账户，分别是保费账户和投资账户。

保费账户由三部分费用构成，包括初始费用、风险保险费和资产管理费，三种费用收取内容如表 6-1 所示。

表 6-1　保费账户的费用收取详情

费用	详情
初始费用	初始费用为期交保险费或不定期额外保险费的 1.5%，在保证符合监管机构规定的前提下，保险公司可对上述费率进行上浮或下调，但最高限额为期交保险费或不定期额外保险费的 2%。对投保人支付的保险费，在扣除初始费用后，将剩余保险费按合同的规定买入投资单位，转入投保人个人账户中
资产管理费	对投资账户收取资产管理费，并将于评估投资账户价值时从投资账户价值内扣除

续表

费用	详情
风险保险费	在投资期限内，保险公司按每月风险保险费收取日的投资单位价格计算，以扣除投资单位数的方式从个人账户中扣取每月的风险保险费。风险保险费根据被保险人在各保单年度的保险金额和年龄确定，按照个人账户中各投资账户的价值比例，分配风险保险费在各投资账户中的扣取金额

由于投保人拥有自己的保费账户，因此投保人可获得以下保障利益，如图 6-1 所示。

保障责任	保障范围
基本保额	基本保额为年交方式下首年期交保险费或月交方式下首月期交保险费的20倍。第一年保额等于基本保额，之后每年在前一年保额的基础上递增基本保额的20%，至第六年递增至基本保额的2倍将不再增长，但最高保额以80万元为限，第七年及后续年度的保额将与第六年保额保持一致
疾病身故保险金	18-60周岁：个人账户价值+5%×当年度保额 61周岁及以上：个人账户价值
意外身故保险金	18-60周岁：个人账户价值+保额 61周岁及以上：个人账户价值

图 6-1　运筹帷幄投连险保障功能

通过表 6-1 可以看出，进入保费账户中的费用所占比例并不高，大多数保费都进入投资账户中。以 26 周岁投保人为例，假设其每月固定拿出 1000 元用于购买该产品，投保期限为 5 年，若每月扣取初始费用 15 元，那么进入保费账户和投资账户的资金如表 6-2 所示。

表 6-2　保费账户和投资账户保费金额分配情况（单位：元）

保单年度	年末年龄	期交保险费	累计保险费	初始费用	风险保险费	进入投资账户价值
1	27	12000	12000	180	11	11820
2	28	12000	24000	180	13	11820
3	29	12000	36000	180	16	11820

续表

保单年度	年末年龄	期交保险费	累计保险费	初始费用	风险保险费	进入投资账户价值
4	30	12000	48000	180	19	11820
5	31	12000	60000	180	22	11820

从表 6-2 可以看出，该投保人每个保单年度进入投资账户的金额为 11820 元，基本上大部分保费都进入了投资账户，这使得获得高投资回报成为可能，随着投资账户内资金的不断累计，还可积少成多获得更丰厚的收益。

通过对该产品的了解，可以看出投连险的金融投资功能较强，能够使投保人更好地实现理财目标。

3. 投连险运作模式

投连险的运作模式体现在两个账户上，通过图 6-2 可以帮助投保人更直观地理解投连险的运作模式。

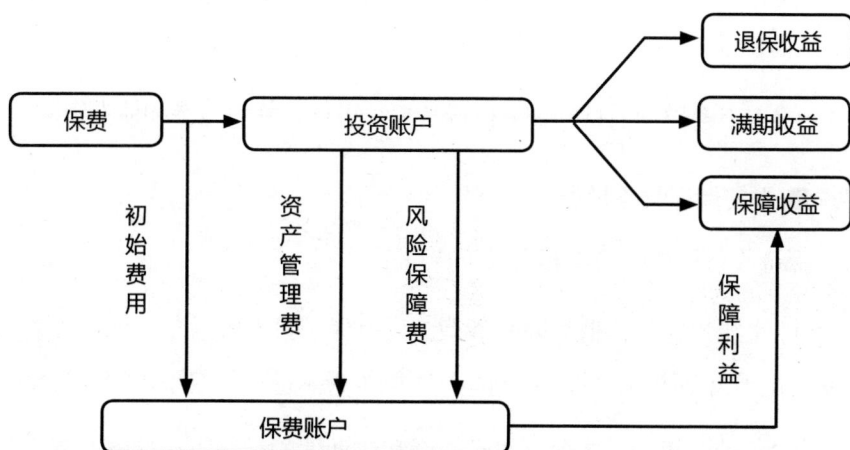

图 6-2　投连险运作模式

在投连险投资账户运作过程中，保险公司会设计不同的投资账户，供投保人灵活选择，以平安保险公司为例，其设计的投资账户包括以下 6 种，下面来看看这些账户的特点。

■ 平安发展投资账户

发展投资账户主要有以下特点。

（1）账户特征。稳健平衡型。

（2）投资政策。采用稳健的投资策略，根据对利率及证券市场走势的判断，调整资产在不同投资工具上的比例，追求账户资产的长期稳定增值。

（3）主要投资工具。银行存款、债券、证券投资基金和债券回购。

■ 平安基金投资账户

基金投资账户主要有以下特点。

（1）账户特征。积极进取型。

（2）投资政策。积极参与基金市场运作，把握市场机会，采取对账户所有人有利的措施，在一定范围内调节投资于不同投资工具上的资金比例，从而使投资者在承受一定风险的情况下，有可能获得较高的投资收益。

（3）主要投资工具。证券投资基金、银行存款、债券和债券回购。

■ 平安保证收益投资账户

保证收益投资账户主要有以下特点。

（1）账户特征：低风险收入型。设有保证投资收益率，保证投资收益率不低于当年银行活期存款利率按时间（天）进行加权平均的收益率。

（2）投资政策：在保证本金安全和流动性的基础上，通过对利率走势的判断，合理安排各类存款的比例和期限，以实现利息收入的最大化。

（3）主要投资工具：银行存款和现金拆借等。

■ 平安价值增长投资账户

价值增长投资账户主要有以下特点。

（1）账户特征。稳定收益型。

（2）投资政策。账户管理人将在严格控制投资风险的基础上，采取对账户持有人有利的积极措施，通过科学的组合设计，在一定范围内调节投资于不同投资工具上的资金比例，达到账户资产在债券、银行存款和基金上的优化配置，使投资者在承受较低投资风险的同时，获得长期而稳定的投资收益。

（3）主要投资工具：债券、银行存款、证券投资基金及监管部门批准的其他可投资品种。

■ 平安精选权益投资账户

精选权益投资账户主要有以下特点。

（1）账户特征：本投资账户为积极进取型，适合风险承受能力较高、乐于进行积极投资且愿意以额外风险换取可能的高报酬的进取型客户，账户不保证投资收益。

（2）投资政策。精选投资品种，积极主动配置账户资产，系统控制风险，跟随资本市场发展趋势，分享经济成长成果，实现长期资本的增值。

（3）主要投资工具。股票和证券投资基金等。

■ 平安货币投资账户

货币投资账户主要有以下特点。

（1）账户特征。本投资账户为准现金类管理工具，不保证投资收益。

（2）投资策略。以严谨的市场价值分析为基础，在严格控制投资风险、维护本金安全及资产流动性的基础上，采用短期金融工具稳健投资的组合策略，根据债券市场的动态变化，采取多种灵活策略，在保持资产流动性的同时，谋求持续稳健的投资收益。

（3）主要投资工具。债券型基金、现金、货币市场基金、短期债券、央票、债券回购、银行存款及法律法规或监管部门允许投资的其他货币市场工具。

由于不同的保险公司投资策略不同，因此设计的投资账户类型和叫法也有所不同，图6-3所示为招商信诺投连险投资账户类型。

和谐A型账户：遴选优质混合型基金，追求当期收益和长期资本增值相平衡。

成立时间：2007/08/01

投资范围：50%～95%投资于混合型基金；5%～50%投资于现金、货币市场基金、银行存款用于备付需要。

投资策略：通过对中国基金市场进行定量和定性的分析，遴选继往投资表现优异、投资风格稳定、公司治理良好的混合型基金，以期努力实现投资账户均衡增值

添利A型账户：遴选优质债券型基金，追求较高水平的和稳定的当期收益。

成立时间：2007/08/01

投资范围：70%～95%投资于债券型基金；5%～30%投资于现金、货币市场基金、银行存款用于备付需要。

投资策略：通过对中国基金市场进行定量和定性的分析，遴选继往投资表现优异、投资风格稳定、公司治理良好的债券型基金，以期努力实现投资账户获得较高水平的和稳定的当期收益

货币A型账户：遴选优质货币型开放式基金，追求较其他类型开放式基金而言更高程度的本金安全，及与投资风险水平相适应的当期收益。

成立时间：2007/08/01

投资范围：货币型开放式基金、现金及银行存款。

投资策略：通过对中国基金市场进行定量和定性的分析，遴选继往投资表现优异、投资风格稳定、公司治理良好的货币型开放式基金，以期努力实现投资账户的本金安全和与投资风险水平相适应的当期收益。

投资组合限制：95%～100%投资于货币型开放式基金，0%～5%现金、银行存款用于备付需要。

资产管理费用：每年费率不超过投资账户价值的1.0%。当前费率为0.5%，在符合相关规定并提前通知投保人的情况下，本公司可以调整资产管理费率

图6-3　招商信诺投连险投资账户类型

4．了解投连险账户投资新规

投连险投资账户的资产配置比例会影响投资者的投资收益，因此了解投连险账户投资新规对投保人来说是有必要的，那么哪些规定与投保人有密切关系呢？

根据保监会 2015 年 3 月发布的《关于规范投资连结保险投资账户有关事项的通知》，规定投资账户的资产配置范围包括流动性资产、固定收益类资产、上市权益类资产、基础设施投资计划、不动产相关金融产品和其他金融资产。

与过去相比，投资范围大幅度拓宽，使得投资账户可组合的类型更具多样化，与此同时，为加强投资账户的流动性，规定对于投资账户的流动性管理应符合以下要求。

◆ 流动性资产的投资余额不得低于账户价值的 5%。

◆ 基础设施投资计划、不动产相关金融产品和其他金融资产的投资余额不得超过账户价值的 75%，其中单一项目的投资余额不得超过账户价值的 50%。

投资账户流动性的加强，在一定程度上可防范风险，会降低投保人投资投连险的风险。

6.2 根据风险偏好选择投资账户

投连险是一种投资型的保险产品，其运作模式决定了投保人可根据个人风险偏好选择不同的投资账户，实现不同的理财目标，下面就来看看如何选择投资账户。

1．测试你的风险承受能力

不同的投保人，其风险承受能力是不同的，在投资投连险前评估个人风险承受能力是必要环节。这是因为收益和风险是对等的，如果只关注收益而忽略风险，一旦该风险超过自身的承受能力，不仅不能实现投资目标，还会使自己遭受巨大亏损。

影响个人风险承受能力的因素很多，年龄、收入、投资目标及自我风险偏好都是影响因素，那么投保人如何才能清楚个人的风险承受能力呢？可通过网上测试的方法来了解个人的风险承受能力。下面以在建设银行官方网站进行风险测试为例，看看如何评测个人风险承受能力。

Step01 进入建设银行官方网站首页，在"投资理财"下拉列表中单击"小贴士：风险能力自测"超链接。在打开的页面中单击"开始测试"按钮。

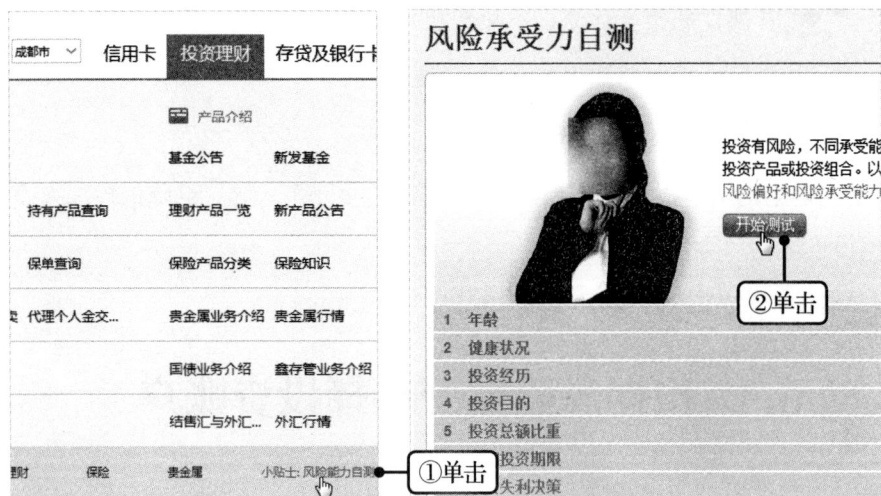

Step02 在打开的页面中根据自身情况回答风险测试问题，选中测试问题对应答案前的单选按钮。

Step03 完成所有测试问题后，单击"提交"按钮。

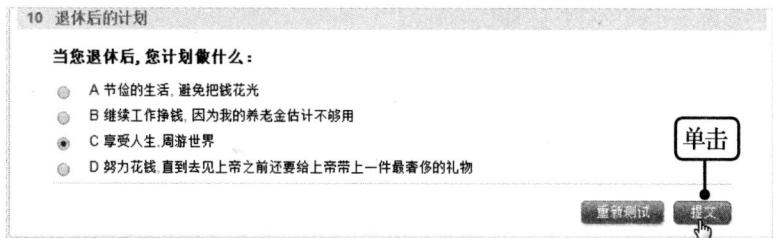

Step04 在打开的页面中即可查看到风险测试的结果。

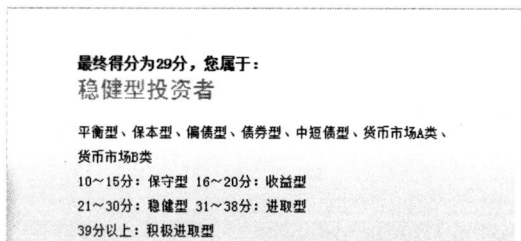

　　在现实生活中，风险承受能力与风险偏好常常会产生冲突，许多投保人并不根据风险承受能力来选择保险理财产品，而根据风险偏好来选择。实际上，风险承受能力是对个人资产状况和家庭情况等综合衡量的结果，它反映的是个人适合买什么，而风险偏好是个人的主观意识，它反映的是个人喜欢什么。

　　因此，在进行投资决策时，应从个人风险承受能力出发，确保此次投资所承受的风险损失将不会影响个人正常生活。

2. 稳健收益型投连险

　　清楚个人风险承受能力后，就可以此为参考依据来选择不同风险大小的投连险。

　　对稳健型投资者来说，他们具有一定的风险承受能力，希望可以获得较稳健的投资回报，这类型投资者在选择投连险时可选择中等风险的投连险，下面来看一款适合于稳健型投资者的投连险。

产品分析：光大永明定活保 66

光大永明定活保 66 是由腾讯理财通销售，光大永明人寿保险公司提供的一款投连险，该产品的起购金额为 1000 元，风险等级为中级，提供身故保障，产品交易规则如表 6-3 所示。

表 6-3　光大永明定活保 66 交易规则

规则	内容
买入规则	1000 元起购，单笔购买不超过 19.9 万元
取出规则	（1）T+2 日到账，部分提取 1000 元起 （2）犹豫期内仅支持全部取出 （3）每个交易日限取一笔
取出费率	（1）持有 0 ～ 10 天（犹豫期），无费率 （2）持有 11 ～ 66 天（锁定期），费率为 10% （3）持有 67 天以上，无费率

从交易规则可以看出，该产品的锁定期较短，持有产品的 11 ～ 66 天为锁定期，也就是说，只要不在该时间段取出就不用支付取出费用，锁定期短，在一定程度上可减少投资风险。

该产品无申购费用，且免收保险单初始费、保险单管理费、风险保障费及投资单位买卖差价，可降低投资者的购买成本。其提供的保险责任为年金责任、身故保险金及满期保险金责任。

产品的投资账户由稳定收益投资账户和优选投资账户构成，其投资目标为实现资产保值增值，由于实际不投资股票、股票型基金和期货等高风险产品，主要投资高收益、低风险的固定收益类及现金管理类资产，投资标的较安全，风险可控，因此适合具有稳健理财需求的投资者。

通过该产品的历史预期收益率公告，可以看出该产品大概的收益率情况，如表6-4所示。

表6-4　历史预期收益率　　　　　　　　　　　　　　　单位：%

预期时间	锁定期外预期年化收益率
2016年6月15日～2016年7月14日	4.2
2016年5月16日～2016年6月14日	4.2
2016年4月15日～2016年5月15日	4.2
2016年3月15日～2016年4月14日	4.2
2016年2月15日～2016年3月14日	4.8
2016年1月15日～2016年2月14日	5.1
2015年12月15日～2016年1月14日	5.1

通过表6-4可以看出预期收益率的变化，由于该产品不投资权益类资产，因此其变化主要受央行连续6次降准、6次降息的影响，可见投资该产品还是存在风险，只是风险适中。

由于稳健型投资者能够承受一定程度的风险，因此，此类型产品能够满足其投资理财的需求。

稳健型投资者如果是自由组合自己的投连险投资账户，那么可参考该产品账户的构成，选择货币型和稳健平衡型账户，此类账户多投资于银行存款、债券回购、央票和债券型基金等风险较低或中等的金融产品。

3. 中等收益型投连险

有中等收益需求的投资者，希望能够获得与市场同步的投资收益，他们一般采取多元化的资产配置来控制风险。

此类投资者在选择投连险时，也可选择投资账户组合较多元化的投连险，以此来实现自己中长期的理财目标，下面来看一款适合此类投资者的投连险。

产品分析：京弘年年盈

京弘年年盈是由京东金融销售，弘康人寿保险公司提供的一款投连险，支持 18 ~ 70 周岁人群购买，提供身故保障，起购金额为 1000 元，累计保费不得超过 100 万元，该产品费用收取情况如表 6-5 所示。

表 6-5　费用收取说明

费用类型	收取标准	收费场景
初始费用	无	无
资产管理费	最高不超过 2%	公布的历史年化收益率为以扣除资产管理费后的收益
犹豫期退保费用	无	在收到保险合同 15 个自然日内申请退保，退还保单账户价值
退保费用	5%	一年内退保，一年后退保无手续费

从费用收取说明可以看出该产品的锁定期为一年，如果投资者不希望被扣除退保费用，那么就需要持有该产品一年，相应地增加了投资风险。

该产品设计的投资账户有三个，包括增利灵活型投资账户、弘云 2 号投资账户和增利 90 投资账户，三个账户的资产配置方式如下。

◆ **增利灵活型投资账户**：银行存款等流动性资产不低于账户总资产的 5%；上市权益类资产的比例为账户总资产的 0 ~ 40%；债券、债券回购等固定收益类资产合计占账户总资产的 0 ~ 90%；基础设施投资计划和不动产相关金融产品的比例为账户总资产的 0 ~ 40%。

◆ **弘云 2 号投资账户**：银行存款等流动性资产不低于账户总资产

的 5%；债券、债券回购等固定收益类资产合计占账户总资产的 0 ~ 70%；基础设施投资计划、不动产相关金融产品和其他金融资产的投资总额合计不高于账户总资产的 50%。

◆ **增利 90 投资账户**：银行存款等流动性资产不低于账户总资产的 5%；上市权益类资产比例为 0 ~ 40%；债券、债券回购等固定收益类资产合计占比为 0 ~ 60%。

从投资账户的设计方式和资产配置情况可以看出，该产品与光大永明定活保 66 相比，会拿出一部分资金投资权益类资产，因此风险会比光大永明定活保 66 高一些。观察其历史收益公告，相应地也高，如表 6-6 所示。

表 6-6　弘云 2 号（占比 26.66%）和增利 90（占比 73.34%）历史收益公布　单位: %

月份	历史年化投资回报率
2016 年 3 月	5.1
2016 年 4 月	5.1
2016 年 5 月	5.1

由此可见，中等收益需求投资者如果投资该产品，是可以在承受中高风险的同时获得较高收益的。

中等收益需求投资者若自由组合投资账户，可参考该产品的组合方式，选择稳健平衡型和进取型账户，再配置一部分货币型账户，且保证资金投资于高风险产品的比例不高于 40%，意在防范风险时寻求高投资收益。

4. 高收益进取型投连险

进取型投资者投资风格多元化，为获得高收益，他们可以承受较大的投资风险，因此此类型投资者可选择风险较大的投连险，以高风险来换取高收益，下面来看一款适合进取型投资者的投连险。

产品分析：e 理财 B 款投连险

　　e 理财 B 款投连险是泰康人寿保险公司为 18 ～ 70 周岁投资人群设计的一款股票型投连险，该产品的起购金额为 1 元，提供身故保障，设计的投资账户包括进取型和货币避险型投资账户，两个账户详情如表 6-7 所示。

表 6-7　投资账户详情

名称	进取账户	货币避险账户
账户类型	偏股型	货币型
投资目标	分享经济和资本市场成长的收益，谋求超越资本市场平均收益水平的收益	确保本金安全和高流动性的前提下，追求资产的逐步增值
投资方向	基金、股票等权益类资产比例为 60% ～ 100%；大额协议存款、国债、金融债和企业债等	现金、货币市场基金、债券回购、存款、国债、政策性金融债、企业债、短期融资券和央行票据等低风险短期债券
主要风险	市场风险	市场风险、信用风险
适合的投资者	风险承受能力强	低风险下保证资产安全

　　从表 6-7 可以看出，进取账户主要投资基金和股票等权益类资产，而且所占比例较大，这类资产具有高风险、高收益的特点，因此决定了该款投连险同样具有高风险、高收益的特点。那么该进取账户是否为投资者带来了高收益呢？下面来看看该产品的历史涨幅情况，如图 6-4 所示。

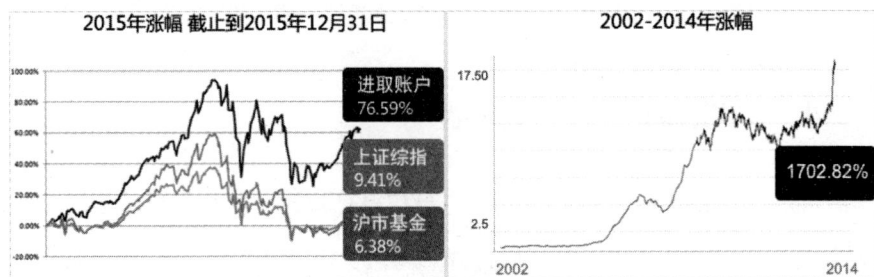

图 6-4　e 理财 B 款投连险历史涨幅

从图 6-4 可以看出，在 2015 年该产品的涨幅为 76.59%，而同期的上证指数为 9.41%，该投连险超过指数近 67.18%，收益可观。再观察成立 13 年以来的收益情况，涨幅超高。

以历史收益情况来看，假设某投资者在 2003 年投资该产品 1 元，到 2015 年年底，净值大约为 31 元左右，可见获利不少，充分体现了其高收益的特点。

该产品不免初始费用和资产管理费，若投资期限太短，在赎回时，如果持有期较短还会被收取一定的赎回费用，下面来看看具体费用标准，如表 6-8 所示。

表 6-8　费用收取标准

费用类型	收取标准	收取时间
初始费用	1.5%（100 万元以下） 5000 元（100 万元及以上）	保费中扣除
资产管理费	1.62%（进取账户） 0.2% ~ 0.3%（货币避险账户）	净值中已扣除
赎回费用	1%（第 1 – 5 年） 0（第 6 年及以后）	赎回时扣除
犹豫期退保	无	净值会波动
账户转换费	免费（1 年内 5 次） 20 元（1 年内超过 5 次）	转换时扣除

从费用收取标准来看，如果投资者持有该产品期限较短，其投资成本较高，且有可能不会获利，下面来算算投资成本。

假设某投资者购买该产品 10 万元，如果只持有该产品一年，投资者需要支付初始费用为 100000×1.5%=1500（元），那么进入投资账户的金额为 98500 元。

我们以投资回报率分别为 1%（低档）、4.5%（中档）和 7%（高档）

计算其收益情况和退保现金价值，如表6-9所示。

表6-9　投资收益演算

投资收益率（%）	投资收益（元）	退保现金价值（元）
1	98500×1%=985	99485×（1−1%）=98490
4.5	98500×4.5%=4432.5	102933×（1−1%）=101904
7	98500×7%=6895	105395×（1−1%）=104341

从表6-9可以看出，如果该产品投资收益处于低档水平，那么本金可能会亏损，投资者并不会获利。另外，不排除该产品出现亏损的可能。

在购买此类高风险投连险时，即使是进取型投资者仍要注意防范风险，在行情走势不太明朗的时期，可将进取账户中的资金全部或者部分转移至货币避险投资账户中，以规避风险。

追求高收益的进取型投资者在自由组合投资账户时，可参考该产品的组合方式，将大部分资金投资于进取账户中，少部分放在货币账户中。若需保证一部分稳定收益，那么可拿出一部分资金放在稳定平衡账户中，但在行业较好的环境下，进取账户中的资金通常不要低于60%。

6.3 投资投连险要理性

　　伴随着理财市场的繁荣，投连险也受到了追捧，虽说投连险集保障与投资于一身，且收益可观，但与其他保险产品一样，投连险也有其不足之处，投资者在购买时仍需谨慎，只有根据自身情况理性投资，才能实现理财规划目标。

1. 不同人群选择合适的投连险

投连险充分体现了风险与收益的关系，它更适合于以获得投资收益为主、保障为辅的投保人。那么不同投资需求的投保人又应该如何选择适合自己的投连险产品呢？

■ 初入职场上班族如何买投连险

对于初入职场的上班族来说，他们面对的经济压力较小，有一定的风险承受能力，但个人积蓄不是特别多，如果进行短期投资，获得的投资收益可能并不明显，此时可建立长期投资计划。

选择投连险进行长期投资，一方面可强制个人进行储蓄，增加财富积累，另一方面又可增加收益。那么上班族具体应该如何进行投连险投资呢？

上班族可每月固定拿出一部分结余资金进行投连险定投，为中长期资金需求提前做足准备，通过不同时间进场，也可分散投连险投资风险。在进行投连险定投时要注意，投连险都有起购门槛，在选择时要考虑自身收入状况，避免出现保费断供的情况。

考虑到上班族未来支出的不确定性，可选择锁定期较短的投连险，这样可避免临时需要用钱而不得不退保导致被扣除高额退保费用的情况发生。下面来看一款适合上班族的投连险。

产品分析：国寿嘉年月月理财

国寿嘉年月月理财是由腾讯理财通销售，中国人寿养老保险公司提供的一款投连险，该产品的起购金额为1000元，适合上班族每月定投的需求。

产品封闭期为一个月，在一个月的理财周期内不可取，但可根据资金规划选择合适的到期安排，到期前一天15:00前可随时更改，这样可方便上班族根据支出安排，合理选择到期时间。到期后本金及收益继续封闭

1个月，收益不间断，能满足上班族强制储蓄需求。

该产品主要投资于流动性资产、固定收益类资产、信用等级较高的不动产类资产和其他金融资产等，不参与股票类资产投资，风险适中，能够满足上班族追求资金安全性和流动性的需要，同时也能实现更高的收益率。但该产品不提供任何保险保障功能，因此最好在已经具备了一定的保险保障后，再购买该产品。

除了该款产品外，京东金融销售的京弘天天盈和信诚人寿提供的"福连金生"投连险B款产品组（成人版）等都比较适合上班族进行保险理财。

■ 中产稳定收入人群如何买投连险

中产稳定收入人群的收入较高且稳定，他们的风险承受能力比普通上班族高，此类人群要想自己的财富增值就需要进行投资理财。由于平时工作繁忙，没有太多精力去打理自己的财富，因此需要一种省心的理财方式帮助其实现理财规划。

投连险具有专家帮忙理财的特点，不需要投资人花太多时间去每日关注其走势和收益，因此适合于中产稳定收入人群进行投资。

此类人群由于手中闲散资金较多，且风险承受能力强，因此可选择起购金额较高、保费趸交的投连险，一次性投入较高金额后再追加购买。

在拿出一部分闲钱进行保费配置时，可将保费金额分配在不同的投资账户中，通过多元化的投资组合实现长期投资稳定增值。下面来看一款适合中产稳定收入人群的投连险。

产品分析：平安E财富投连险

平安E财富投连险适合18～55周岁人群投保，其保费的交费方式为趸交，一次性投保金额为1万元、2万元、3万元、4万元和5万元，追加保费金额最低 1000 元，保障期限为 10 年，提供身故保障。

该产品提供 4 个投资账户，包括平安精选权益投资账户、平安基金投资账户、平安发展投资账户和平安货币投资账户。投保人可将大部分保费（如超过 80% 的保费）放在权益投资账户和基金投资账户中，以获得高收益，将小部分保费（如 0 ~ 20% 左右）放在发展投资账户和货币投资账户中，保证投资资金有一定稳定收益的同时积极寻求高收益。

■ 组建家庭的人如何买投连险

对于已组建家庭的顶梁柱来说，此时生活压力较大，需要为自己提供足额保障，同时要为养老生活进行规划。由于投连险的保额可增可减，因此可在家庭经济压力较大的时期，提高保障比例，减少投资比例；在经济宽松时提高投资比例；在需要使用资金时定期取出，用于生活开支。下面来看一款适合已组建家庭的人购买的投连险。

产品分析：平安聚富年年投连险

平安聚富年年投连险是为 18 ~ 60 周岁人士设计的一款定期保费的、终身与投资相关的寿险计划，该投连险支持保障账户与投资账户灵活转换，使投保人可变更自己的基本保险金额，这样就可在家庭经济压力大时增加基本保险金额，在经济收入逐渐提高时增加投资比例，但投保人在每个保单年度最多可申请一次增加或减少基本保险金额。

另外，投保人还可以补充附加险来为自己提供重疾和意外保障，下面来看看某投保人是如何投保该产品的。

假设一有社保、年龄 30 周岁投保人投保该产品，年交保费 12000 元，连续交费 15 年，由于目前需要更多的保障，因此在投保时选择主险保险金额 20 万元，附加重疾基本保险金额 15 万元，附加无忧意外 13 基本保险金额 10 万元及附加无忧意外医疗（B）基本保险金额 1 万元，其中无忧意外 13 和无忧意外医疗（B）续保至 60 周岁，在 30 ～ 60 周岁该投保人可获得以下的保障，如表 6-10 所示。

表 6-10　获得的保障 单位：万元

保障利益	保险金额
交通意外身故保障	10
意外伤残保障	1 ～ 10
意外伤害医疗保障	1
重大疾病保障	15

到 60 周岁时退休，由于年龄越大，扣取的保障费用越多，因此将聚富年年投连险和附加重疾基本保险金额均调为 1 万元，相应地提高了投资比例，并定期支取一部分现金价值作为养老金。

以中等投资收益率 4.5% 来计算，到 60 周岁的保单周年日，该投保人保单现金价值约 40 万元，在 61 ～ 80 周岁的保单周年日可领取 12000 元作为养老金补充。到 80 周岁的保单周年日现金价值约 63 万元，可作为财富传承。

2. 认清投连险本质

购买投连险要明白，投连险是"寿险 + 个人投资账户"的组合，实际上它仍是一种保险产品，从本质上讲是一种投资型保险，所以在投资投连险时要注意以下细节。

◆ **保障功能**：投连险的保障功能主要是身故保障，部分产品可附加意外、医疗等保障，与普通消费型保险相比，其保障功能并不充分。

◆ **不保证收益**：投连险并不是高收益的产品，相反它并不能保证收益，即使是选择货币避险型账户仍不能代表产品的投资收益有保证，投资的本金可能因为市场的波动而蒙受损失。只是与普通投资人相比，由保险公司专业的投资人才进行理财操作，会使投资收益更稳健。

◆ **保险公司不承担损失：**保险公司只是投资账户资金的管理人，所有的投资收益都归投保人所有，但所有投资风险也都由投保人承担，保险公司不会承担投资失败的损失，因此投连险更适合具有理性投资理念的投保人。

◆ **费用复杂：**与传统寿险相比，投连险费用收取更复杂，其中，资产管理费是按照账户资产净值的一定比例来收取的，若选择的是收益较低的货币型、稳健型账户，那么这笔费用对投资回报的影响还是很大的。

市场上的投连险产品有很多，为了买到"物有所值"的投连险，在购买投连险时，投保人应先问问自己的保险需求是什么，如果要寻求短期投资回报，那么，投连险可能并不适合。如果是为了获得一定的保障和长期投资收益，那么就可以购买一份投连险。

即使投连险能够满足其理财需求，投保人在购买时仍要明确个人风险承受能力，不能盲目追求高收益的投连险而忽略个人风险承受能力，相对地，应设定个人风险承受能力范围内的合理预期回报。

投保人在购买投连险时一定要在对产品的费用、犹豫期、投资账户、赎回条件和风险大小有了充分了解后再支付保费，避免在短期购买后觉得不适合而退保，导致资金损失。

3. 买投连险也要选择好时机

面对市场上纷繁复杂的投连险产品，投资者在选择时要做到多分析，从而把握投连险的购买时机。

通过不同保险公司投连险收益率，可以了解到保险公司投连险账户的投资业绩，投资者可通过保险公司官方网站查询其投连险投资收益，下面来看看如何查询招商信诺投连险的投资收益率。

Step01　进入招商信诺官方网站（http://www.cignacmb.com/），在首页单击"客户服务"超链接。

Step02　在"保单服务"选项卡的"投资连结险"栏中选择"投资账户月度报告"选项。

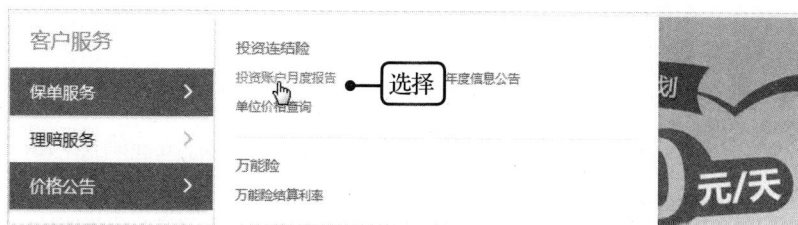

Step03　在打开的页面中选择要查看的报告，如单击"招商信诺投资连结保险投资账户月度报告（2016 年 05 月）"超链接。

Step04　在打开的页面中即可查看到投资账户收益率。

二、 投资账户收益率

截止日期：2016年5月31日

账户名称	过去一个月	过去两个月	过去三个月	今年以来	过去一年	成立以来
先锋A型账户	0.08%	-0.85%	9.68%	-13.63%	-32.36%	21.97%
和谐A型账户	-0.21%	-0.90%	4.04%	-10.76%	-18.82%	0.85%
添利A型账户	0.25%	-0.40%	1.41%	-0.74%	-21.59%	31.19%
货币A型账户	0.20%	0.38%	0.58%	1.00%	2.71%	30.82%
锐取A型账户	-0.95%	-0.83%	7.56%	-16.37%	-35.40%	74.01%
灵动A型账户	0.37%	2.18%	6.55%	-4.37%	-21.08%	95.15%

查询了招商信诺投连险的收益率后，投资者还可以查看其他保险公司投连险的收益率，如平安保险投连险收益率数据，如图6-5所示。

业绩表现（数据截至2016年5月31日）								
账户类型	账户名称	成立日期	净值	近1月	近3月	近6月	近一年	YTD	成立以来
进取型	基金投资	2001.04	4.0370	-0.16%	7.71%	-13.80%	-31.03%	-16.96%	303.70%
	精选权益	2007.09	1.0675	-2.60%	9.96%	-15.85%	-31.71%	-18.64%	6.75%
平衡型	发展投资	2000.01	3.6491	0.14%	4.59%	-8.12%	-17.88%	-9.99%	264.91%
稳健型	价值增长	2003.09	2.1380	0.54%	0.55%	-1.45%	-2.80%	-3.01%	113.80%
货币型	保证收益	2001.04	1.7403	0.39%	1.05%	2.17%	4.03%	1.75%	74.03%
	货币投资	2007.11	1.3509	0.22%	0.57%	1.33%	2.66%	1.00%	35.09%

图6-5 平安保险公司投连险收益率数据

通过投资账户收益率可以看出保险公司不同投资账户历史收益率的增减情况，历史收益可作为分析投资实力的参考，如果历史收益表现较差，那么可反映出该投资账户管理能力有限。

在分析投资账户时，对于货币型账户应重点关注其是否能够产生稳健的收益，比如平安保险和招商信诺货币型账户的历史收益率都为正，但从近一个月的收益率来看，平安货币型的收益率要略高于招商信诺货币A型账户。

在查看进取型账户收益率时，应将其与股市相比较，因为进取型账户的投资方向主要是股票和证券投资基金等。将其与股市相比较，可以看其抗跌或上涨能力如何。

上证指数2015年5月29日收盘价为4611.74元，2016年5月31

日的收盘价为 2916.62 元，跌幅近 36.76%，比较平安精选权益账户，其近一年的跌幅为 31.71%，而招商信诺先锋 A 型账户，近一年的跌幅为 32.36%，可见平安精选权益账户比招商信诺先锋 A 型账户抗跌能力更强。

投资者在进行投资账户收益率分析时要注意，历史收益率只能代表过往的收益率水平，只能作为选择投连险产品的参考，而不能认为历史收益就代表保险公司未来的收益。

除了比较不同账户的投资收益率外，投资者还可以通过券商提供的投连险分析报告来对投连险账户表现进行对比，从而进一步了解投连险账户走势，比如在华宝证券排名体系内的 185 个账户中，仅有 6 个投连险账户的收益为负。

其中，2015 年全年收益率超过 55% 的投连险账户有：太平策略成长型（102.64%）、光大永明进取型（95.60%）、华泰进取型（84.31%）、泰康优选成长型（80.93%）、泰康进取型（76.59%）、泰康创新动力型（60.06%）、华泰平衡型（59.18%）、汇丰汇峰进取（57.56%）和平安精选权益（55.41%），除华泰平衡型为混合激进型账户外，其他都为激进型账户。

如果某一投连险账户收益能够排进同类账户的前 1/3 名额名次，那么说明该账户的投资能力较强，投资者可对该账户进行重点关注。

在具体购买投连险的过程中，投资者可跟随资本市场的走势来选择是否投资投连险，比如股市行情走势处于下跌状态，那么投资方向为偏股型的投连险产品势必会受影响，此时选到收益率上涨的激进型投连险的概率相对较低，并不是购买投连险的绝好时机，若投资者选择此时购买某激进型投连险，就更要格外谨慎。

另外，投资者可采用"定期定额"的投资方式投资投连险，这样可平均风险，避免时机选择错误。

.07
. PART .

充分认识
万能险

如何选择
万能险

万能险理
财要点

收益"灵活多变"的万能险

　　熟悉理财型保险的投保人对万能险通常都不会太陌生，万能险具有保障和收益灵活的特点，大多数万能险既能保证本金不亏损，又能保证一定的收益率，因此成为许多投保人稳健理财的利器。

7.1 万能险具有储蓄功能

> 与分红险和投连险相同，万能险同样具有保障和投资功能，万能险"灵活"的特点使得它既能重保障，也能重投资，在兼顾保障的同时，可起到储蓄个人财富，让资产保值的作用。

1. 万能险到底有多"万能"

万能险具有人寿保险的基本功能，它是一款"万能型"的寿险，为什么说万能险是"万能"的呢？下面以福满财盈终身寿险（万能险）为例，了解万能险有何"万能"之处。

产品分析：福满财盈终身寿险（万能险）

福满财盈终身寿险（万能险）是由平安保险公司提供的万能险，该产品支持 18～55 周岁人群投保，保额为 1～50 万元，该产品具有以下特色。

◆ **终身保障，保额可变：**福满财盈终身寿险（万能险）属于终身寿险，投保人可选择和变更基本保险金额，以满足不同人生阶段的保险需求。

◆ **利率保底，灵活理财：**该产品为保单账户价值提供 1.75%（年利率）的保证利率，投保人可根据个人财务规划申请部分领取，这就使得使用该产品进行理财更加灵活。

◆ **追加交费，灵活多变：**在一次性交纳一定保费（6000 元、10000 元、20000 元、30000 元、40000 元或 50000 元）的犹豫期后，可选择追加保费，若追加保险费后的保单账户价值足以支付保障成本，保险合同持续有效。

◆ **保单结算，透明公开：**投保人可通过平安保险电话中心或官方网站等渠道了解该产品的结算利率，并且每个保单年度还会收到保单年度报告，可以充分了解到保单账户价值的变化。

通过对福满财盈终身寿险（万能险）特点的了解，可以看出该产品的"万能"之处在于投保人能够任意选择首期保费的交纳金额，且可以在任意时间选择是否追加保费和变更保险金额。交费方式和保障额度的灵活多变，让投保人能够自主确定保障和投资的比例，使得保费资金能够发挥最大的作用。

另外，该产品投资利益上不封顶，下设最低利率，使得投资收益更有保证，投保人承担的投资风险更小。可以说万能险是介于分红险和投连险之间的保险理财产品，它的运作方式透明，投保人可通过保单年度报告了解自己的保单账户价值的变化。

万能险的保单账户价值随着扣除初始费用后的保险费和保单利益计入保单账户而增加，随着保障成本的收取、保单账户价值的部分领取和退保费用的扣除而减少，其运作原理如图7-1所示。

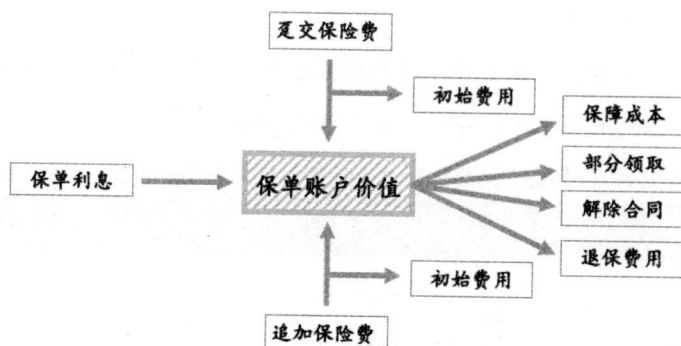

图7-1　保单账户价值运作原理

万能险保障额度和投资额度的配置比例主动权在投保人手中，在这种情况下，投保人能够真正为自己设计"万能保险"计划，让自己在享受长期稳健的投资收益的同时，也能配置不同形式的保障。

2. 万能险投资有费用

通过前面对万能险保单账户价值运作原理的了解，可以看出万能险会收取一部分初始费用，但并不是所有的万能险都会收取初始费用，有些纯理财型的万能险不会收取初始费用。那么万能险的初始费用是如何收取的呢？由于不同的万能险产品收取的初始费用是不同的，这里我们以国寿鑫E两全保险（万能型）为例来看看初始费用如何收取。

产品分析：国寿鑫E两全保险（万能型）

国寿鑫E两全保险（万能型）是由中国人寿保险公司推出的一款万能险，该产品提供120%的身故保障和200%的客运交通工具和私家车意外身故保障，保险期间为5年，保费交纳方式为趸交。

在一次性交纳保费后，该产品会收取占保险费比例为0.8%的初始费用，也就是说，假设投保人投保该产品10万元，那么将被收取初始费用=100000×0.8%=800（元）。

除初始费用外，如果投保人在犹豫期后退保，还会被收取一部分退保费用，该产品的退保费用收费详情如表7-1所示。

表7-1　国寿鑫E两全保险（万能型）退保费用　　　　单位：%

保单年度	退保费用比例
第1年	5
第2年	4
第3年	3
第4年及以后	0

　　该产品并未收取保单管理费和风险保障成本，有些万能险产品则要收取。比如福满财盈终身寿险（万能险）会根据被保险人的年龄、性别、危险保额及风险程度，对合同承担的保险责任收取相应保障成本，保障成本会在每月结算日（每月第一日为计算日）按照该月的实际天数从保单账户中扣除保障成本，每日的保障成本为年保障成本的 1/365。

　　对于支持部分领取账户价值的万能险来说，投保人在申请部分领取时会被收取部分领取手续费。比如吉祥人寿鼎盛尊享 A 款两全保险（万能型）对于部分领取具有以下要求和手续费收费标准。

　　在犹豫期后且被保险人未发生保险事故，可申请部分领取保单账户价值，每笔领取金额不得小于 1000 元，且为 1000 元的整数倍。申请部分领取后个人账户价值不低于 1000 元，若部分领取后导致个人账户价值低于 1000 元，保险公司不接受此次部分领取申请。

　　部分领取手续费为部分领取金额乘以部分领取手续费率，具体的手续费率如表 7-2 所示。

表7-2　吉祥人寿鼎盛尊享 A 款两全保险（万能型）部分领取手续费率　　单位：%

保单年度	退保费用比例
第 1 年	5
第 2 年	4
第 3 年	3
第 4 年	2
第 5 年	1
第 6 年	0

　　通过对上述保险产品费用的了解，可知万能险费用包括初始费用、退保费用、风险保障成本和部分领取手续费，不同的万能险产品，费用的设计方式不同。

3. 万能险保障额度设计方式

在投保万能险后，保险公司会为投保人的保单设立一个个人账户，个人账户用于确定保单的结算利益和风险保障费等其他费用的支出，在结算了各项费用后由此便可确定个人账户价值。而个人账户价值的多少常常决定了保单的保障金额，为什么这么说呢？

这是因为大多数万能险的保障额度设计方式都与个人账户价值有关，不同的万能险产品其保障额度的设计方式是不同的，下面我们以宝多多两全保险（万能型）为例来看看有哪些保障额度设计方式。

产品分析：宝多多两全保险（万能型）

宝多多两全保险（万能型）是珠江人寿保险公司为出生满30天～65周岁的人群设计的一款万能险产品，该产品的交费方式为趸交，每份1000元，保障至被保险人88周岁，下面来看看该产品提供的部分保险责任。

（1）满期保险金。若被保险人在年满88周岁后的首个保单年日仍生存，保险公司将按当时保险合同的账户价值给付满期保险金。

（2）疾病身故保险金。被保险人在保险合同有效期内因疾病身故，保险公司将按被保险人身故当时的保险合同账户价值120%的给付疾病身故保险金。

（3）意外身故保险金。被保险人在保险期间内遭受意外伤害，并自该发生之日起180日内因该意外伤害为直接原因导致身故，保险公司按被保险人身故当时的保险合同账户价值的200%给付意外身故保险金给受益人。

通过了解该万能险的保险责任可知，不同保险责任下的保险金给付方式不同。

满期保险金：满期保险金 = 当时个人账户价值

疾病身故保险金：疾病身故保险金 = 当时个人账户价值 ×120%

意外身故保险金：意外身故保险金 =200% × 当时个人账户价值

通过上述保险金的给付方式可知，万能险的保障额度设计方式为个人账户价值 × 系数。

除上述设计方式外，万能险还有以下几种保障额度设计方式，具体内容如下。

保障金额 = 个人账户价值 + 基本保险金额

保障金额 = 保险费或账户价值 × 系数（取较大值）

保障金额 = 保险费 × 系数

4. 万能险费率改革

保险产品相关政策的变化不仅对保险公司有影响，对投保人同样有影响，2015 年 2 月 13 日，保监会发布了全面深化人身保险费率政策改革，放开万能型人身保险最低保证利率的通知，该通知与投保人密切相关的有以下内容。

（1）放开前端。取消万能保险不超过 2.5% 的最低保证利率限制。最低保证利率由保险公司根据产品特性和风险程度自主确定。

（2）管住后端。集中强化准备金和偿付能力等监管。产品最低保证利率越高，需要计提的准备金越高，偿付能力要求就越高。

（3）提高风险保障责任要求。最低风险保额与保单账户价值的比例提高 3 倍，体现回归保障的监管导向，保护消费者权益。

根据保监会发布的《关于万能型人身保险费率政策改革有关事项的通知》，规定万能型人身保险的评估利率上限为年复利3.5%，最低保证利率不高于保监会规定的评估利率上限的，应按照《人身保险公司保险条款和保险费率管理办法》（保监会令2011年第3号）的有关规定报送中国保监会备案。最低保证利率高于中国保监会规定的评估利率上限的，应报送保监会审批。

由此可见，保监会对保险公司的高保证利率的行为进行了约束，对投保人来说能够降低投保人投保万能险的风险，保障投保人权益，使投保人投保万能险更放心。

另外，《万能保险精算规定》也对万能险的风险保障进行了规定，使万能险的保障程度大幅提升，具体内容如下。

（1）除该规定险种提及的特定情形外，对投保时被保险人的年龄满18周岁的，万能保险在保单签发时的死亡风险保额不低于保单账户价值的20%。

年金保险的死亡风险保额可以为零，团体万能保险的死亡风险保额可以为零。

死亡风险保额是指有效保额减去保单账户价值，其中有效保额是指被保险人因疾病和意外等身故时，保险公司支付的死亡保险金额。

（2）万能保险可以提供死亡保险责任以外的其他保险责任。

5.万能险投资渠道

万能险能够保证最低利率与其投资策略有关，大多数万能险主要投资于低风险的产品，比如福满财盈终身寿险（万能险），其万能账户的投资方式如下。

◆ **投资策略：**坚持资产负债匹配和稳健投资策略。

◆ **资产配置目标：**确保万能险的保证收益并精选债券投资项目以取得更好收益。

◆ **资产配置原则：**以配置同等信用、到期收益率相对较高且一级风险水平合理的债券投资项目为主，配置适量货币类工具以保证组合的流动性，同时在风险可控及收益合理的前提下，少量配置信托资产。

◆ **投资工具：**债权计划、信托、债权、银行存款、现金及现金等价物、股票、基金及其他法律法规允许的投资工具。

通过观察不同的万能险可以发现，不同万能险保证的最低利率是不同的，比如福满财盈终身寿险（万能险）最低保证利率为1.75%，而宝多多两全保险(万能型)最低保障利率为3.0%。虽然同是采取稳健性的投资策略，但是两者的投资工具却有区别。

宝多多两全保险（万能型）的主要投资于国家法律法规和监管政策许可的权益类投资品种和固定收益投资品种，以及中国保监会规定的其他资金运用渠道，可包括银行存款、回购、央票、国债、金融债、企业（公司）债、基础设施债券投资计划、证券投资基金和股票等。珠江人寿将根据资产负债匹配原则和不同市场相对价值进行动态资产配置，追求长期稳定投资收益。

由此可见，即使采取同样的投资策略，投资工具不同，最终的收益率也会不同。

⟨⟩ 7.2 如何让降息也有高收益

中国人民银行决定自 2015 年 10 月 24 日起，下调金融机构人民币存款基准利率，降息会减少货币类工具的收益率，最明显的是对银行存款的影响。面对降息，如果继续将资金存入银行，收益肯定会大打折扣，此时，有投资理财需求的个人或家庭就必须选择另一种低风险、收益稳定的理财产品，而万能险是不错的选择。

1. 从收益率角度选择万能险

对于有稳健投资需求的个人和家庭来说，万能险可以作为储蓄的另一种手段，要利用万能险实现资产的保值增值，收益率是不得不考虑的一大重要因素。

万能险的收益率可以说由两部分构成，固定收益率和浮动收益率。投保人在购买某一万能险前不妨先了解其收益率情况。由于万能险的收益率大多比较稳定，因此可以作为参考依据，判断出在购买该万能险后的收益率大致情况。

保险公司通常会在其官方网站上公布不同万能险产品的历史收益率情况，图 7-2 所示为平安保险公司附加随享人生终身寿险（万能型）历史收益率。

险种	年化利率(%)	日利率	适用日期
平安附加随享人生终身寿险（万能型）	4.500%	0.00012295	2016年6月
平安附加随享人生终身寿险（万能型）	4.500%	0.00012295	2016年5月
平安附加随享人生终身寿险（万能型）	4.500%	0.00012295	2016年4月
平安附加随享人生终身寿险（万能型）	4.500%	0.00012295	2016年3月
平安附加随享人生终身寿险（万能型）	4.500%	0.00012295	2016年2月
平安附加随享人生终身寿险（万能型）	4.500%	0.00012295	2016年1月
平安附加随享人生终身寿险（万能型）	4.500%	0.00012329	2015年12月
平安附加随享人生终身寿险（万能型）	4.500%	0.00012329	2015年11月
平安附加随享人生终身寿险（万能型）	4.500%	0.00012329	2015年10月
平安附加随享人生终身寿险（万能型）	4.500%	0.00012329	2015年9月

图 7-2　平安附加随享人生终身寿险（万能型）收益率

从图 7-2 可以看出，自 2015 年 9 月至 2016 年 6 月，年化利率都为 4.5%，并未发生巨大波动。由此可预测该万能险未来收益率可能也为 4.5%。

某些万能险，不同月份收益率会有差别，如中国人寿瑞安两全保险（万能型）2015 年 8 月至 2016 年 7 月结算利率，如图 7-3 所示。

公告月份	日结算利率（万分之）	折合年结算利率（百分之）	公告发布日期
2016年06月	1.0959	4.0	2016年07月01日
2016年05月	1.2329	4.5	2016年06月01日
2016年04月	1.3014	4.75	2016年05月01日
2016年03月	1.3699	5.0	2016年04月01日
2016年02月	1.3836	5.05	2016年03月01日
2016年01月	1.3836	5.05	2016年02月01日
2015年12月	1.3836	5.05	2016年01月01日
2015年11月	1.3836	5.05	2015年12月01日
2015年10月	1.3836	5.05	2015年11月01日
2015年09月	1.2466	4.55	2015年10月01日
2015年08月	1.2329	4.5	2015年09月01日
2015年07月	1.2329	4.5	2015年08月01日

图 7-3　中国人寿瑞安两全保险（万能型）收益率

从图 7-3 可以看出该万能险收益率在 4.0%~5.05% 之间波动，由此可预测该万能险未来收益率最低可能不会低于 4.0%，最高不会高于 5.05%。

通过收益率的分析可以得知万能险在收益率上大致属于哪个档次，针对平安附加随享人生终身寿险（万能型）和国寿瑞安两全保险（万能型）这两款万能险的收益率，投保人在选择时可仔细考虑。

如果投保人不希望万能险收益率产生太大波动，只追求稳定收益，那么不妨选择平安附加随享人生终身寿险（万能型），如果投保人愿意承担一定的波动来换取稍高收益，那么可选择国寿瑞安两全保险（万能型），但投保人要明白，年收益率并不能代表永久的收益率，只能作为投资参考。

2．哪种万能险的初始费用更少

前面我们已经知道了购买万能险，保险公司会收取一部分初始费用、风险保障成本及保单管理费。这些费用可以看作万能险投资的成本，那么市场上有没有哪些万能险是可以减免这部分费用的呢？答案是肯定的。

目前，不少保险公司推出了纯理财型的万能险，这类产品可使投保人零成本购买万能险。下面就以富德生命e理财C款年金保险（万能型）为例，来深入认识纯理财型的万能险。

产品分析：富德生命e理财C款年金保险（万能型）

富德生命e理财C款年金保险（万能型）是由富德生命人寿保险公司提供的一款万能险，该产品起购金额为1000元，交费方式分为一次性交纳保险费和追加保险费，一次性交纳保险费和追加保险费均不收取初始费用，保单管理费为每月0元。

提供的保险责任包括身故保险金和年金给付，其中，年金可选择年领和月领，年领每次可获得个人账户价值的12%，月领可获得个人账户价值的1%。被保险人可将个人账户价值全部或部分转化为年金保险，若选择将全部个人账户价值转换为年金保险，保险合同会随即终止。

该产品的最低保证利率为年利率的 2.5%，在合同有效期内可以申请退保，但退保需支付退保手续费，各保险年度对应的退保手续费率如表 7-3 所示。

表 7-3　富德生命 e 理财 C 款年金保险（万能型）退保手续费率　　单位：%

保单年度	退保费用比例
第 1 年	5
第 2 年	4
第 3 年	3
第 4 年及以上	0

在犹豫期后，可申请部分领取个人账户价值，但部分领取需支付部分领取手续费，如果部分领取后导致个人账户价值低于 500 元，保险公司将不接受此次部分领取申请。部分领取手续费率如表 7-4 所示。

表 7-4　富德生命 e 理财 C 款年金保险（万能型）部分领取手续费率　　单位：%

保单年度	退保费用比例
第 1 年	5
第 2 年	4
第 3 年	3
第 4 年及以上	0

假设一个 35 周岁投保人投保该产品，一次性交纳保险费 10 万元，在没有年金领取和部分领取的情况下，该保险利益演算如表 7-5 所示。

表 7-5　保险利益演算　　单位：元

保单年度	累计保险费	进入个人账户价值	最低保证利率		
			个人账户价值	身故保险金	现金价值
1	100000	100000	102529	102529	97402
2	100000		105122	105122	100917

理财学院：保险理财产品一本通

续表
单位：元

保单年度	累计保险费	进入个人账户价值	最低保证利率		
			个人账户价值	身故保险金	现金价值
3	100000	0	107780	107780	104547
4	100000	0	110506	110506	110506
5	100000	0	113300	113300	113300
6	100000	0	116165	116165	116165
7	100000	0	119103	119103	119103
8	100000	0	122115	122115	122115
9	100000	0	125203	125203	125203
10	100000	0	128369	128369	128369

通过对该产品的了解，可以看出该产品的特点之一就是没有初始费、保单管理费和风险保障成本，可以让保费全部进入投资账户中，享受更多收益。

除了零保障成本外，此类型万能险同样具有保本保收益的特点，通常来说最低保证年收益率为 2.5%，但也有最低保证收益率高于 2.5% 的纯理财万能险，也就是说，即使收益不佳，仍能获得 2.5% 的最低保证收益。同时这类产品还具有门槛低的特点，大多数产品 1000 元就可起投，部分产品还支持 1 元起投。

虽说纯理财型万能险成本低，且收益率较高，但总体看来其投资却是有期限的，通常要持有 3 ～ 5 年，如果提前退保或者部分领取就会损失一部分费用。

3. 如何买到高收益万能险

虽说万能险的最终结算利率是不确定的，但最低保证利率却是确定的，对于追求保证收益的投保人来说，选择最低保证利率更高的万能险能获得更高的收益。那么如何才能选到最低保证利率更高的万能险呢？投保人可通过网上查询的方式挑选出最低保证利率更高的万能险。下面以东方财富网为例，看看如何查询不同万能险的最低保证利率。

Step01 进入东方财富网官方网站（http://www.eastmoney.com/），在首页单击"保险"超链接。

Step02 进入保险首页，可以看到与保险相关的很多资讯，在"险种专栏"栏中单击"万能险"超链接。

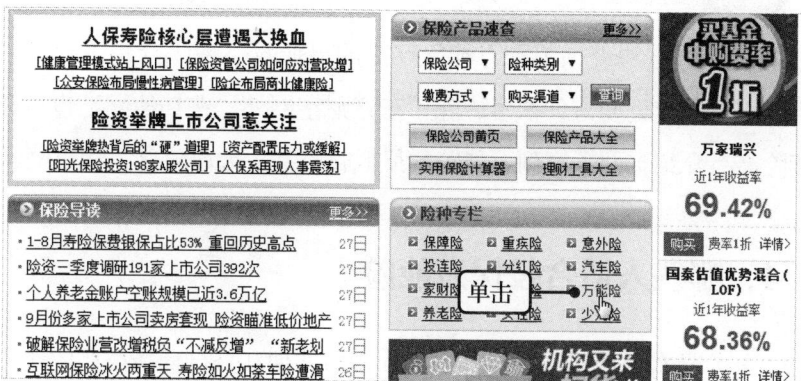

Step03 在打开的页面中可以看到种类丰富的万能险产品，选择要查询的产品，单击其名称超链接，如单击"财富人生变额终身寿险（万能型）D款"超链接。

对比	产品名称	保险公司	发行地区	保险类别	投保年龄	保险期限	购买渠道	缴费方式
☐	财富人生变额终身寿险（万能型）D款		上海市等	万能险等	1月-70周岁		—	期缴
☐	财富人生变额终身寿险（万能型）C款		上海市等	万能险等	1月-70周岁		—	趸缴
☐	富贵一生变额终身寿险（万能型）D款		上海市等	万能险等	30天-70周岁	终身	代理人中介公…	期缴
☐	金利多两全保险（万能型）	建信人寿	上海市等	万能险等	30天-70周岁	10年	银行	趸缴
☐	稳得利两全保险（万能型）	建信人寿	上海市等	万能险等	30天-70周岁	10年	银行	趸缴
☐	英大金生金世终身寿险（万能型）	英大泰和	北京市等	万能险等	30天-60周岁	终身	代理人	趸缴
☐	英大元亨两全保险（万能型）	英大泰和	北京市等	万能险等	30天-65周岁	65周岁	代理人	趸缴
☐	英大元鑫两全保险（万能型）	英大泰和	北京市等	万能险等	30天-60周岁	70周岁	银行	趸缴
☐	财益人生终身寿险（万能型）	海尔人寿	上海市等	万能险等	60天-65周岁	终身	代理人	趸缴
☐	中融融盛连年终身寿险（万能型）A款	中融人寿	上海市	万能险等	25天-65周岁	终身	银行	趸缴
☐	中融融盛连年终身寿险（万能型）B款	中融人寿	上海市	万能险等	25天-65周岁	终身	银行	趸缴
☐	财富赢家终身寿险（万能型）	大都会人寿	北京市等	万能险等	30天-60周岁	终身	银行	趸缴
☐	财富智胜两全保险（万能型）	大都会人寿	北京市等	万能险等	30天-70周岁	10年	银行	趸缴
☐	稳添富两全保险（万能型）	大都会人寿	北京市等	万能险等	30天-70周岁	终身	银行	趸缴
☐	终身寿险（万能型，B款）	大都会人寿	北京市等	万能险等	60天-70周岁	终身	银行代理人	期缴
☐	中荷稳健成长两全保险（万能型）C款	中荷人寿	北京市等	万能险等	30天-65周岁	80周岁	银行	趸缴
☐	健利宝（A款）长期护理保险（万能型）	昆仑健康	北京市等	万能险等	28天-65周岁	70周岁	代理人	期缴

Step04 进入产品详情页面，在"产品特色"栏中可以查看到最低保证利率。

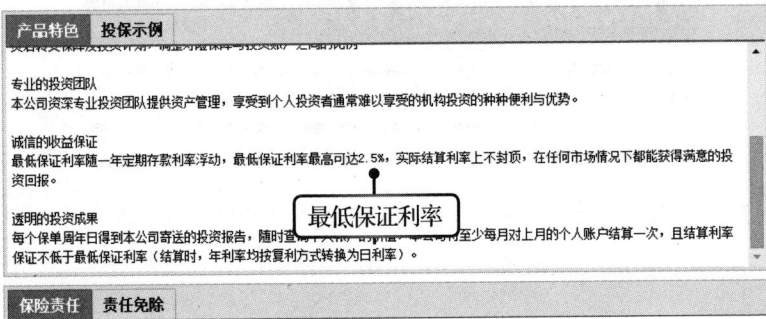

使用上述方法查询不同万能险产品的最低收益率比分别进入保险公司官方网站上查询要方便很多，除了东方财富网外，在其他网站也可通过万能险产品介绍页面了解到万能险的最低收益率，如保险岛、和讯网等。

4. 哪些人适合投保万能险

万能险具有交费灵活、保额可调、领取方便和抵御通货膨胀的优点，但万能险并不是"完美无缺"的保险理财产品，在投保万能险时，投保人要注意以下事项。

■ **切忌盲目退保**

投保人在已经投保万能险以后切忌盲目退保，这是因为提前退保通常会被收取退保费用；另外，万能险的投资回报通常要几年后才能体现出来，短期收益并不明显。因此，投保人不能因为万能险投资收益不明显就着急退保。

万能险是以复利方式来累计账户价值的，投保人持有期限越长，通过利滚利就会产生更多的收益。如果短期持有后退保，除去初始费用和退保费用等成本，还有可能导致本金亏损。

■ **适合的人群**

万能险属于偏投资的保险产品，并不是所有的人群都适合投保万能险。对投保人的年龄通常没有限制，但对被保险人的年龄就会有限制，一般要求被保险人年龄不超过 70 周岁，与此同时，在老年期投保基本保障的费用也会很高，因此老年人不宜购买万能险。所以，适合投资万能险的人群一般要具备以下条件。

（1）收入稳定，拥有一定闲置资金，且该笔资金在几年内不会使用。

（2）万能险重投资，轻保障，更适合保障需求不高且有保险理财需求的个人和家庭购买。

（3）万能险收益稳定，适合具有稳健投资需求且收益率要求为中低档的投保人。

（4）投资期限越长越能体现万能险收益，因此具有中长期投资回报需求的投保人更适合购买万能险。

7.3 万能险理财注意事项

> 由于万能险并不是真正的万能，购买万能险仍然有一定的风险，且某些人群并不适合购买万能险，因此作为"理财利器"的万能险在投保时仍需投资人提高警惕。

1. 月收益≠年化收益

从保险公司公布的万能险结算利率可以看出，万能险的结算利率通常是按年收益率和日利率月结算，许多投保人在查看结算利率时常常将月收益理解为年化收益率。

实际上，年化收益率≠月收益，保险公司公布的年化收益率是以日利率乘以365天计算出来的，也就是说，月收益率的计算应使用以下公式。

$$月收益率 = 年化收益率 \div 365 \times 当月天数$$

$$月收益率 = 日利率 \times 当月天数$$

假设万能险的年化收益率为4.5%，当月为30天，那么月收益率应约为4.5%÷365×30=0.37%。月收益率体现了当月的投资回报，所以计算当月账户价值可使用以下公式。

$$当月账户价值 = 月初的账户价值 \times （1 + 月收益率）$$

通过公式可以看出当月账户价值与月初账户价值和月收益率有关，因此，投保人在实际计算当月个人账户价值时也应使用月收益率来计算，而不应直接将年化收益率理解为月收益率，以此来计算当月的账户价值。

如果使用保险公司公布的年化收益率来计算当月的账户价值，投保人会发现自己计算出来的结果与万能险账户的实际价值相差甚远。

2.不要把万能险作为储蓄的替代

万能险具有抵御通货膨胀的作用，因此不少投资者就将其作为储蓄的替代品，这实际上是一个误区。作为不同的理财手段，投保人不能简单地将万能险与储蓄画等号，为什么这么说呢？下面以国寿瑞丰两全保险（万能型）为例，来算一算万能险为什么不能简单地作为储蓄的替代品。

产品分析：国寿瑞丰两全保险（万能型）

国寿瑞丰两全保险（万能型）是中国人寿保险公司提供的一款万能险，该产品的交费方式为趸交，初始费用为所交保费的0.5%，保单管理费为年保险管理费的1/365，投保时计入各人账户价值的资金为：保费－初始费用－保单管理费。

自第2个保单年度起至第10个保单年度止，若被保险人在每个保单年度的第一个结算日时处于生存状态，可获得该结算日当时个人账户价值的0.5%的保单持续奖，该产品最低保证利率为年利率的2%。

假设以投保人投保该产品5万元为例，以最低保证利率2%计算收益，那么他需要支付的费用和获得的投资收益如表7-6所示。

表7-6　保险利益演算　　　　　　　　　　　　　　单位：元

保单年度	累计保险费	初始费用	保单管理费	持有奖励	保单年度末个人账户价值
1	50000	250	60	0	48398
2	50000	0	60	242	49561
3	50000	0	60	248	50754
4	50000	0	60	254	51976

续表
单位：元

保单年度	累计保险费	初始费用	保单管理费	持有奖励	保单年度末个人账户价值
5	50000	0	60	260	53230
6	50000	0	60	266	54515
7	50000	0	60	273	55833
8	50000	0	60	279	57184
9	50000	0	60	286	58569
10	50000	00	60	293	59990

通过表7-6可以看出，投保人投保该产品第一年的账户价值为48398元，投资收益实际上为负，而如果将5万元用于存一年期定期存款，以2015年10月24日工商银行公布的一年期定期存款利率1.75%来计算，一年以后获得本息50875元，两者相差50875 - 48398=2477（元）。

从短期投资来看，如果万能险只能保证最低收益率，那么其投资收益并不比银行储蓄高，甚至到了第二年其投资收益仍未负，直到第三年才能收回本金和一部分利息，且该收益还未达到一年期定期存款的收益。

虽然万能险的保本利率比一年期的储蓄存款高，但普通万能险所交保费并不会全部计入投资账户中，因此万能险的前几年收益不会比储蓄存款高。

万能险账户以复利计息，投保人通常要持有5年以上才能获得比储蓄存款更高的收益，即使投资0成本的纯理财型万能险，如果短期退保或部分领取，其收益也可能为负。

所以，投保人如果将万能险当作银行储蓄是不可取的，实际上银行储蓄比万能险流动性更高，风险也更小，即使提前取出也能按照活期利率计算利息，不会导致本金亏损，而万能险则不然。

但银行储蓄没有万能险所具备的保障功能，投保人在进行投资理财时，可将银行储蓄和万能险进行组合投资，在降低投资风险的同时使自己获得保障，通过万能险每月结息利滚利，让长期投资获得更高收益。

3. 万能险并不是"万能"的

部分投保人在投保万能险时会被万能险的字面含义所误导，认为万能险真的就是万能的，实际上万能险的万能主要指保额、保费和交费期可调整。万能险并不是完美无缺的，它具有以下不足之处。

■ 保障会中断或缩水

万能险提供的保障会中断或缩水，这是因为万能险提供保障的前提是个人账户中要有足够的资金，用以支付初始费用和风险保障成本等，如果个人账户中的资金低于保险公司规定的金额，保险合同也会随之终止。

万能险保险金的给付金额来源于个人账户价值，如果被保险人部分领取了个人账户价值，那么获得的赔偿也会缩水。

■ 部分领取有要求

大多数万能险支持部分领取，但部分领取有一定要求，且需提交保险公司要求的证明资料，以国寿瑞丰两全保险（万能型）为例，部分领取有以下规定。

（1）本合同保险期间内，投保人可申请部分领取个人账户价值，但被保险人已发生保险事故的，投保人不能申请部分领取个人账户价值。申请部分领取个人账户价值时，投保人应填写部分领取个人账户价值申请书，并提交下列证明和资料。

① 保险单；

② 投保人法定身份证明。

（2）投保人申请部分领取个人账户价值的，本公司将在部分领取申请核准后 30 日内给付部分领取金额。

（3）投保人部分领取个人账户价值的，每次领取的金额及领取后个人账户价值不得低于领取当时本公司规定的最低标准。

在每个保单年度内的前两次部分领取，本公司不收取部分领取手续费；对同一保单年度内以后的各次部分领取，本公司每次收取部分领取手续费，并直接从给付的部分领取个人账户价值中扣除。部分领取手续费收取标准会在保险单上载明，本公司保留调整部分领取手续费收费标准的权利，但其调整幅度将不超过国家统计局公布的全国居民消费价格指数自本公司上次部分领取手续费调整起的累计涨幅，另外，公司会提前 30 日通知投保人。

■ **实际收益不确定，保障不"万能"**

万能险有最低保证收益，但高于保证收益的部分却是不确定的，也就是说最终收益并不确定。

万能险提供的保障主要是身故保障，其提供的保障并不"万能"，若想获得健康、意外和医疗等保障，需通过附加保险来完成，而附加保险的保费是需要额外支付的。

4. 分红险、万能险和投连险的区别

分红险、万能险和投连险都是具有投资理财功能的保险产品，那么这三种保险理财产品究竟有什么区别呢？下面一起来看看。

■ 投资账户不同

万能险和投连险都有专门的投资账户，而分红险则没有，保险公司直接将红利收益以现金红利或累计红利的方式分配给投资者。

万能险的投资账户只有一个，而投连险的投资账户有多个，投资者可自主选择激进型、保守型或稳健型的账户，以满足自己的投资需求。

■ 投资渠道有区别

万能险和分红险的收益相比投连险更稳定，因此其投资渠道也偏向于稳健收益的金融工具，如银行存款、债券和大型基础设施建设等，对于高风险、高收益金融工具的投资，如股票和证券基金等，占比较少。

投连险根据分设的账户不同，投资渠道也不同，既会投资稳健收益的金融工具，也会投资高风险、高收益的金融工具，进取型账户对高风险、高收益金融工具的投资甚至可达到100%。

■ 透明度不同

分红险与万能险和投连险相比，透明度较低，虽然分红收益能从保险公司派发的保单红利通知书上查看，但资金具体的运作方式保险公司却不会告知。

万能险和投连险的透明度较高，投连险投资账户的运作方式和费用收取均会详细列明，且保险公司每月都会进行投连险投资报告的披露，让投资者每月都能了解到投连险的收益。万能险会在每月公布结算利率，让投资者知晓其投资收益率。

■ 收益分配方式不同

分红险的红利主要来源于三差收益，红利收益的多少并不确定，分配方式有现金领取、累计增息等。万能险和投连险的收益来源于投资账户的投资收益，万能险有最低保障收益，而投连险既不保本也不保证收益，两者的投资收益都会直接计入个人投资账户中。

■ 交费方式不同

万能险和投连险的交费方式与分红险相比更灵活，万能险和投连险具有交费灵活、保额可调整及支持部分领取个人账户价值的特点，而分红险的交费金额和交费期限相对固定，且保障额度通常不可调整。

■ 投资风险不同

从投资风险的角度来看，投连险风险最大，万能险次之，分红险最小。这是因为投连险的投资风险由投资者自己承担，万能险的投资风险由投资者和保险公司共同承担，而分红险的投资风险全部由保险公司承担。

■ 适合人群不同

分红险适合有长期保障需求，希望通过保险理财获得一定程度的稳定收益，且风险承受能力较低的投保人；万能险适合有一定风险承受能力，追求中长期稳健理财收益，对保障要求较弱的投保人；投连险适合以投资理财为主，保障为辅，追求高收益，且风险承受能力较高的投保人。

目前市场上的分红险、万能险和投连险产品都比较丰富，投保人在投保时一定要弄清楚其中的差异，避免买到不适合自己的保险理财产品，降低理财失败的可能性。

·08

.PART.

为孩子做
保险规划

用保险解决孩
子教育问题

为成家立
业做准备

孩子保险理
财的技巧

为孩子的未来进行投资

　　孩子是家庭成员的重要组成部分，孩子成长的费用更是一笔不小的开销。作为父母，提早为孩子的未来做好规划，通过保险理财的方式储备教育金和创业金，同时利用保险科学地打理孩子的压岁钱，让孩子树立理财意识，可以在理财的同时为孩子提供更好的未来。

8.1 理财为孩子打造美好未来

> 许多父母在孩子还未出生前就开始为孩子的未来做打算，这些打算包括孩子的教育、身体健康及生活开支等，每一位父母都希望通过自己的努力为孩子创造一个美好的未来，而如果没有从长远考虑，提早进行理财规划，养育孩子将给父母带来巨大的压力。

1. 家长为什么要关注少儿险

每一位父母都希望孩子能够健康苗壮的成长，在孩子的成长过程中，父母是孩子重要的保障，所以，父母应该为孩子考虑少儿险，为什么这么说呢？

在我国，重大疾病的发病率呈年轻化，与成年人相比，孩子对疾病的抵抗力较弱、免疫力较低，疾病的发病率也更高。据有关资料显示，近几年我国儿童肿瘤的发病率每年都以 2.8% 的速度在增加，每年新增恶性肿瘤患儿达到 3 ～ 4 万人。另外，白血病、脑癌也是少儿常见的高发重疾。

作为父母应为疾病做好保障，避免无法支付医药费而影响孩子治疗，因此投保一份少儿疾病保险是很重要的。

除疾病外，孩子对意外伤害的避险能力也较弱，他们的自我保护意识较差，更容易遭受意外事故的伤害，其中交通伤害、高空坠伤、烧伤烫伤和异物卡喉等是儿童最易遭受的伤害。

另外，孩子生性好动，如果父母疏于照看，在玩耍过程中，孩子很容易发生意外。

当孩子从婴幼儿期过渡到青年期时，教育是重中之重，为孩子提前做好教育储备，保证孩子能够接受良好的教育是父母应尽的责任。通过少儿教育金保险能有计划地储备孩子在不同阶段的教育资金，确保孩子能够接受良好的教育。

随着孩子逐渐长大，创业、婚嫁是成年后需要考虑的问题，对于刚踏入社会的子女来说，此时经济收入较低，若要创业，个人积蓄往往不够，如果为孩子购买了能够获得创业金的少儿险，将推动孩子的创业尽快起步。

在现代社会，婚嫁会花费不少的资金，许多父母都会在此时拿出自己的积蓄用于子女婚嫁，如果父母为孩子购买了能够获得婚嫁金的少儿险，那么子女的婚嫁金将得到保障，父母也不用再动用自己的积蓄了。

2．如何为孩子做好保险规划

为孩子做好保险规划，不仅能够为孩子提供一个安定成长的环境，同时也能为父母减轻负担，为孩子攒下一笔不动产。而为孩子投保不仅要掌握一定的投保顺序，而且要做到合理投保，具体投保顺序如下。

◆ **意外保障**：意外保障是孩子不可或缺的保障，在投保时需要优先考虑。

◆ **健康保障**：健康保障能够减少孩子生病的医疗费用支出，特别是体质较弱的儿童更需要健康保障。

◆ **教育保障**：教育保障应在拥有了意外保障和健康保障的基础上再考虑，它属于中长期的规划。

◆ **理财保障**：在经济条件允许的条件下，父母可以为孩子投资保险理财产品，让孩子在未来有一笔可用资金。

总之，父母为孩子进行保险规划时应遵循"由近到远"原则，即先对易发风险投保，而未来才会发生的风险则可稍后投保。

如果从为家庭成员投保的角度出发，家庭投保顺序应以夫妇为主，孩子为辅，应在为家庭重要的经济支柱提供足够保障后再考虑为孩子投保，做到"先大人，后小孩"。

另外，为孩子投保还要考虑家庭经济实力，家庭保费支出的总额通常为年收入的 10% ~ 20% 之间比较合适，因此，给孩子投保保费的支出就不能超过 10%。

3．不同年龄阶段提供不同保障

父母为孩子投保相当于为孩子进行投资理财，对于不同成长阶段的孩子，提供的保障应不同，因此投保的重点也会有所不同，下面来看看如何为不同阶段的孩子投保。

■ 幼儿阶段（0 ~ 6 岁）

0 ~ 6 周岁的儿童免疫力较低，容易受环境影响患上一些流行性疾病，另外，此时的儿童住院率也较高，因此投保医疗保险很有必要。在选择少儿医疗保险时，父母应优先考虑儿童社会医疗保险作为基本保障，其费用相对较低，新生儿出生后，父母可到当地社会保障局办理儿童社会保险。

如果家庭经济条件较好，还可以补充商业医疗保险，选择可提供住院津贴的医疗补偿型保险，除此之外，还可附加少儿重疾险。

孩子在两岁以后通常能够走路，此时顽皮好动，可为孩子购买保费便宜的消费型意外险。

■ 小学阶段（7 ~ 12 岁）

随着孩子逐渐成长，身体健康状况会逐渐变好，但由于孩子自由活动的时间增加，意外发生的可能性也在增加，此时对意外保险的支出应增加，重点考虑意外伤害和意外医疗保险。

对于疾病保险，可根据家庭经济实力来考虑，若保费预算有限且家庭没有重大遗传疾病史，那么可以不购买少儿重疾险或购买保费相对便宜的定期重疾险。

若家庭经济条件较好，可考虑购买返还型的疾病保险，同时，父母也应开始考虑未来教育金储蓄，当然，在保费预算足够充分的条件下，也可在孩子出生不久就开始考虑教育金储蓄。

■ 青少年阶段（12 ~ 18 岁）

初高中阶段，孩子教育费用的支出会比较多。若在 12 岁以前没有购买教育金保险，此时是不能领取教育金的，但可购买既提供保障又可享分红的分红型保险，也可以选择收益稳健的投连险，定期领取收益作为教育支出的补充。

8.2 利用保险解决孩子教育问题

> 在保障孩子健康成长的同时，教育经费支出是不得不考虑的，利用保险提前为孩子储存一笔教育金，既是一种投资理财的方式，也是一种简单的解决孩子教育经费的途径。下面就来看看如何利用教育金保险为孩子提供教育保障。

1. 什么是少儿教育金保险

少儿教育金保险是针对少年儿童在不同成长阶段的教育需要提供相应的保险金的一种保险产品。下面以教育金保险为例来，一起认识少儿教育金保险。

产品分析：i 成长少儿教育金保障计划

i 成长少儿教育金保障计划是新华保险推出的一款教育金保险，该产品要求被保险人年龄出生满 30 天～10 周岁，保险期间为至被保险人 28 周岁保单生效对应日。

从对被保险人和保险期间的要求可以看出，少儿教育金保险通常对被保险人年龄和保险期间都有一定的限制，最小年龄一般要求出生满 30 天，最大年龄一般不能超过 10 周岁。保险期限有终身型和非终身型，通常非终身型的才属于真正的教育金保险。

该保险产品每份的基本保额为 1000 元，保费交费方式可选择趸交和期交，在购买该产品后，被保险人可享受以下保险责任，如表 8-1 所示。

表 8-1　i 成长少儿教育金保障计划保险责任

保障责任	保障范围
特别给付金	交纳保费 10 天后，给付首期保费的 10%
成长关爱金	自合同生效满一年起，成长关爱金按照以下约定给付： 1～5 周岁保险生效日期内，保单生效对应日零时仍然生存，给付基本保额 ×10%/ 年 6～11 周岁保险生效日期内，保单生效对应日零时仍然生存，给付基本保额 ×30%/ 年 12～17 周岁保险生效日期内，保单生效对应日零时仍然生存，给付基本保额 ×20%/ 年 18 周岁保险生效日期内，保单生效对应日零时仍然生存，给付基本保额 ×10%/ 年

续表

保障责任	保障范围
满期保险金	生存至保险期间届满，给付基本保额×100%/年
身故保险金	若被保险人在28周岁保险生效对应日之前身故，保险公司给付下列两项之和，同时合同终止： （1）实际交纳的保险费 （2）被保险人身故时的附加保单账户价值之和
豁免保费	若投保人未满61周岁，且因意外伤害身故或全残，可免交自投保人身故或被确定身体全残之日起的续期保险费，合同继续有效
年金	合同生效满3年后可以申请年金，自提出申请后的首个保单生效对应日起，被保险人在每一个保单生效对应日零时仍然生存的，保险公司按当时保单账户价值的10%给付年金 注：前提为不领取特别给付金和成长关爱金，以上教育金默认进入万能险账户进行二次增值

通过该产品的保险责任可以看出，教育金保险通常会提供身故保障、生存保险金和保费豁免功能等，由于子女到了一定年龄阶段就需要上学，因此教育保险金会在不同年龄阶段给付相应金额。各年龄阶段基本学费是相对固定的，因此每一阶段领取的教育金也相对固定，从本例的成长关爱金的给付方式可以看出这一点。

每一个孩子接受教育的时间都比较长，因此教育金领取的周期也较长，这一点从该产品成长关爱金的领取期限可看出，从 1～18 周岁都可以领取教育金。

少儿保险教育金的领取方式主要有三种，从该产品的领取方式可以看出，其领取方式为从特定时间点开始每年返还，如从孩子进入小学开始或者进入初中开始，另外两种领取方式如下。

◆ 从交费之日起，每隔几年返还一定数额

◆ 约定时间点一次性返还，如进入大学或大学毕业。

2．教育金保险具有哪些理财功能

通过对 i 成长少儿教育金保障计划的认识，我们了解了教育金保险的保障功能及基本特点，教育金保险除能为孩子提供教育保障外，大多数还具有理财功能。

教育金保险之所以还具有理财功能，是因为大多数教育金保险为分红险或者附加万能险，通过分红险和万能险的投资理财功能，就能让教育金保险拥有理财功能。

比如前面介绍的 i 成长少儿教育金保障计划，附加了"附加随意领年金保险（万能型）"附加险，该万能险提供最低 2.5% 的年化利率。如果不取出教育金，那么就可以享受万能险带来的投资收益。如果是分红型的教育金保险，就可享受红利收益。

教育金保险除了可以增加理财收益，让资产保值增值外，还具有强制储蓄的理财功能，父母可以根据未来孩子教育支出的高低来选择不同的险种和保额，在交纳保费时选择期交，就能约束自己每年或每月固定为孩子的教育费用进行储蓄。这样就能保证孩子在每个受教育阶段都能获得稳定的教育资金，使教育储蓄做到专款专用。

3．如何为中学教育做打算

目前，市场上的教育金保险主要保障的是孩子在初中、高中和大学阶段的教育，父母如果想要为孩子中学教育存一笔钱，就要在孩子上中学前开始考虑教育资金的储备。投保人可以选择附加险形式的教育金保险，因为这类保险通常可以自由组合，这样在投保时就可以自主选择在初中和高中阶段提供不同的教育费用保障。下面以 e 理财——阳光旅程教育金保险为例，看看通过该保险如何来为中学教育储蓄教育金。

产品分析：e 理财——阳光旅程教育金保险

e 理财——阳光旅程教育金保险是泰康人寿保险公司为出生满 30 天～13 周岁儿童推出的一款教育金保险。该产品每份教育金保额为 1000 元，交费方式为一次性交纳、5 年交和 10 年交，付款频率可选择年交或月交，投保人可根据自身经济实力选择交费方式。

该产品提供初中、高中和大学教育金保障，投保人可灵活选择为初中、高中还是大学教育提供支持。对有中学教育保障需求的投保人来说，可选择初中和高中教育金。

该产品主险为泰康阳光旅程少儿两全保险（分红型），教育金保险为附加险。下面我们通过一个保险案例来看看购买该教育金保险能够为中学教育提供多少教育金支持。

假设一投保人为年满 6 周岁的儿子投保泰康附加初中教育金两全保险（分红型）和泰康附加高中教育金两全保险（分红型），两个险种的保险金额都为 1 万元，交费期限为 5 年，其中，初中教育金保险年交保费为 5910 元高中教育金保险年交保费 5490 元。

若该投保人的儿子在合同有效期内仍生存，那么通过泰康附加高中教育金两全保险（分红型）可获得以下保险利益（假设为累计红利），如表 8-2 所示。

表 8-2   泰康附加高中教育金两全保险（分红型）部分保险利益   单位：元

保单年度（年）	被保险人年龄（岁）	保险费		累计红利			生存保险金	身故保险金
		期交保险费	累计保险费	低	中	高		
1	7	5490	5490	21	84	148	0	5490
2	8	5490	10980	69	276	482	0	10980
3	9	5490	16470	145	580	1014	0	16470
4	10	5490	21960	251	1002	1754	0	21960
5	11	5490	27450	387	1550	2712	0	27450
6	12	0	27450	532	2127	3722	0	27450
7	13	0	27450	684	2734	4785	0	27450
8	14	0	27450	843	3373	5903	0	27490
9	15	0	27450	1011	4046	7080	10000	28730
10	16	0	27450	1138	4553	7967	10000	20000
11	17	0	27450	1221	4884	8548	10000	10000

通过表 8-2 可以看出，被保险人在年满 15 周岁、16 周岁和 17 周岁的每个年生效对应日可领取初中教育金 1 万元，如果到 17 周岁时再取出红利，那么按照中档红利收益来看，可领取 4884 元。

同样地，通过泰康附加初中教育金两全保险（分红型），被保险人在年满 12 周岁、13 周岁和 14 周岁后的每个年生效对应日可领取初中教育金 1 万元，若选择累计红利，在 14 周岁时可领取累计中档红利 3029 元。

通过保险利益的演算，可以看出通过选择针对某一阶段的教育金保险，能够实现为该阶段孩子的教育提供资金保障。如果投保人还要为孩子大学教育提供保障，那么还可附加泰康附加大学教育金两全保险（分红型）。

4. 让大学教育费用享受年年给付

目前市场上的教育金保险除了会以附加险的形式出现，还会以主险形式出现，投保人在选择这类教育金保险时要看清楚教育金的给付阶段，因为这类保险对教育金领取的阶段有一定的针对性，比如同时针对高中和大学教育，或只针对大学教育。

若投保人只对大学教育费用保障有需求，那么就可选择只提供大学教育金的保险，下面以守护未来教育年金保险（分红型）计划为例，来看看该产品如何让大学费用获得保障。

产品分析：守护未来教育年金保险（分红型）计划

守护未来教育年金保险（分红型）计划是招商信诺保险公司为出生满60天～12周岁儿童提供的一款教育金保险，可选保险金额为1～30万元，保险期间为至被保险人25周岁的保单周年日，交费方式为期交，可选年交或月交，交费期间为5年、8年或至被保险人17周岁。

了解了该产品的基本信息后，假设某投保人为自己的孩子投保该产品，选择基本保额10万元，下面来看看他，可获得哪些保障。

◆ **大学教育金**：18～21周岁，每年可获得3万元的大学教育金，累积12万元。

◆ **深造教育金**：22～24周岁，每年可获得6万元的深造教育金，累积18万元。

◆ **满期保险金**：25岁期满时，可获得10万元满期保险金，用于创业或者婚嫁。

◆ **重疾保险金**：如果孩子不幸在等待期后初次发生并首次确诊合同规定的30种危重疾病，最高一次性可理赔30万元。

◆ **保费豁免**：若投保人等待期后不幸身故、全残或首患合同约定的危重疾病，可免剩余保费，所有保障不变。

◆ **身故保险金**：如果被保险人不幸在合同期内身故，保险公司100%返还已交主险保费。

◆ **额外分红**：额外获得分红，有效抵御通货膨胀。

通过保障内容可以看出，该产品只针对大学教育和深造教育阶段提供教育费用保障，保障的阶段比较有针对性，而不是由投保人自主选择。

教育费用具有阶段性高支出的特点，如大学教育、出国留学的费用支出就较高，而该产品恰恰针对的就是大学及以上的教育，因此教育金给付的标准也较高，大学教育金按基本保险金额的30%给付，深造教育保险金按基本保险金额的60%给付。

目前市场上的教育金保险不仅仅提供纯粹的教育保障，还会提供健康或意外事故等保障，该款产品也不例外，还为被保险人提供了重疾保障。

8.3 让成家立业享受多倍支持

父母对孩子的关爱不仅仅只在少儿阶段，大多数父母在孩子成年后仍要为其操心，孩子大学毕业或出国留学归来会开始为自己的事业打拼，考虑婚嫁。创业和婚嫁都需要花费一笔不菲的费用，通过教育金保险，能够给孩子提供创业婚嫁金保障，让父母的关爱得以延续。

1．积累一次性领取的创业婚嫁金

教育金和创业婚嫁金是很多子女的刚性需求，因此，许多教育金保险不仅提供教育金保障，还会提供创业婚嫁金保障。下面我们以鸿运英才少儿教育金（分红型）保险为例，来看看教育金保险如何为子女积累一笔创业婚嫁金。

产品分析：鸿运英才少儿教育金（分红型）

鸿运英才少儿教育金（分红型）是平安保险公司为出生满28天～10周岁儿童提供的一款教育金保险。该产品的交费方式为期交，可选月交或年交（仅9、10周岁可选择年交），交费期为8年，保障至被保险人25周岁，可选保险金额3万～30万元。

该产品提供高中和大学教育保障，到被保险人25周岁时可一次性领取创业婚嫁金，创业婚嫁金的领取金额为基本保险金额。也就是说，如果在投保时选择的是5万元的保险金额，在被保险人25周岁时就可领取5万元的创业婚嫁金。那么为什么被保险人可以一次性领取创业婚嫁金呢？

实际上，创业婚嫁金就是满期生存给付金，在该保险的保险条款中可以看到这样的条款内容。

"被保险人于保险期满时仍生存，我们按基本保险金额给付'满期生存保险金'，本主险合同随即终止"。

由此可见，被保险人若想要获得一次性领取的创业婚嫁金，那么该教育金保险就需具备满期生存保险金给付保障。

当被保险人生存至可领取教育金的年龄后，便可领取自己的创业婚嫁金，在领取时需要提供一些证明资料，以该产品为例，需提供以下证明和资料。

（1）保险合同。

（2）受益人的有效身份证件。

（3）被保险人的有效身份证件。

2．为少儿制订全能理财计划

每一位父母都希望孩子以后能够过上幸福美满的生活，然而经济基础决定上层建筑，父母将保单作为礼物送给孩子，就可以为孩子的未来提供足够的资金支持。另外，保险会随着时光的流走逐渐增值，使得保单越久就越发珍贵。

通过保险，除了可以为孩子求学和创业婚嫁提供资金支持外，对经济条件宽松的家庭来说，还可以将养老金作为礼物送给孩子，让孩子在几十年后也能想到父母浓浓的爱。

对于孩子的父母来说，应该如何利用保险这一理财工具让孩子在成长阶段、成家立业阶段和养老阶段都能享受到充足的资金支持呢？

目前，市场有提供一生保障的少儿保险，不但能够使孩子拥有助学成长金和婚嫁创业金，在晚年时还可以领取丰厚的养老金。下面来看一款这样的保险产品。

🐾 产品分析：太平少儿守护一生两全保险（分红型）

太平少儿守护一生两全保险（分红型）是太平保险公司为出生满28天～15周岁的儿童提供的一款保险产品，它是国内少儿市场上一款专为少儿360度全方位打造的全能理财产品。

通过该产品，父母可以为孩子准备一笔长期且稳定的现金流，这款产品能够送给孩子一生的爱。那么这一生的"爱"包括哪些呢？下面来看看该产品的保障内容，如表 8-3 所示。

表 8-3　太平少儿守护一生两全保险（分红型）保障内容

保障责任	保障范围
高中成长金	13 周岁前投保，在 15 周岁保单周年日可领取 200% 基本保险金额和累积红利保险金额两者之和的高中成长金
大学成长金	18 周岁保单周年日领取 300% 基本保险金额和累积红利保险金额两者之和的大学成长金
创业及婚嫁金	28 周岁保单周年日领取 500% 基本保险金额和累积红利保险金额两者之和的创业及婚嫁金
养老保险金	从 65 周岁保单周年日开始，每年领取 120% 基本保险金额和累积红利保险金额两者之和的养老保险金，直至终身
身故保险金	18 周岁前身故，按年交保险费 × 实际交费年度数给付身故保险金；18 周岁后身故，按 105%× 年交保险费 × 实际交费年数给付身故保险金（年交保险费释义参见条款）
投保人身故或全残豁免保险费	投保人在年满 60 周岁前身故或全残，将豁免投保人身故或被鉴定为全残后的首个保险费约定支付日至交费期满间合同剩余的各期保险费。在保险期间内变更投保人的，不予豁免保险费
保单红利	本产品的分红方式为增额分红，红利分配包括年红利和终了红利。年度红利以增加基本保险金额的方式实现，增额部分也参加以后各年度的红利计算；满期、身故或其他原因导致合同终止的，将根据分红保险业务的实际经营状况进行核算，以现金方式给付终了红利
年金转换	受益人在申请身故保险金时，经协商同意后，有权申请订立当时提供的保险金转换年金保险合同，将身故保险金及终了红利全部或部分转换成年金。申请转换的保险金及终了红利的总额不得低于转换当时保险公司规定的最低限额
减额交清	合同有效期间内，自合同生效日或最后复效日（以较迟者为准）起两年后，如果合同具有现金价值，可以申请将合同变更为减额交清保险合同，但降低后的基本保险金额不得低于申请时保险公司规定的最低金额
保单贷款	特设保单贷款功能，最高金额不超过合同现金价值净额的 90%，贷款期间仍享受增额分红利益及保障利益（合同中止期间除外）

通过保障内容可以看出，该产品可保障孩子至终身，对孩子高中教育、大学教育、创业婚嫁和养老都能提供保险金支持。同时，孩子还能享受分红收益，让保险金累计生息，享受复利增值收益。

另外，在保单生效两年后，投保人还可根据自身经济状况申请将合同变更为减额交清保险合同，降低保险费的交纳金额。

该产品可以说是父母为孩子提供的全方位理财规划，让孩子能够无后顾之忧，安心享受保险理财带来的收益。

8.4 聪明爸妈如何为孩子理好财

> 为孩子买份保险是很多父母都会做的事，父母作为孩子的投保人，在进行保险理财时还要学会正确地挑选搭配，从而让孩子在享受全方位保障的同时不让自己的保费白花。

1. 满期返还，保费双豁免

我们已经知道了为孩子投保应优先考虑意外险和健康险，再考虑理财型教育金保险，父母在为孩子提供健康保障时，可选择具有理财功能的健康险，既能为孩子带来高保障，又能享受低保费。下面就来看一款既保障全、双豁免，又可满期返还享受增值的少儿健康险。

✅ 产品分析："少儿超能宝"保障计划

"少儿超能宝"保障计划是太平洋保险公司为出生满 30 天～17 周岁的儿童提供的一款健康险，该保障计划由少儿超能宝两全保险和附加少儿超能宝重大疾病保险组成。产品的交费方式为期交，交费期限为 10 年，保险期间为 30 年，每份保单的保险金额为 10 万元，两份起售。

父母为孩子购买健康险最关心的还是保险能够提供哪些健康保障，该产品的健康保障很全面，涵盖多达 60 种重大疾病及 12 种特定疾病（轻症），其中少儿发病率较高的白血病就在保障范围内。重大疾病的保险金额为 10 万元，特定疾病（轻症）的保险金额为 2 万元。

若孩子发生保险责任范围内的重大疾病，可获得基本保额＋已交保费的保险金给付；若孩子发生保险责任范围内的特定疾病，可额外获得基本保额 20% 的额外给付金，另外可豁免后续保险费；若孩子不幸身故或全残，可获得保险费或保单现金价值（取较大值）的赔偿。

在孩子有了足额的健康保障后，父母比较关心的是，若孩子在保险期满后健康成长，是不是保费就白交了？

作为具有理财功能的保险，若孩子健康成长至保险期满，并不会使保费白交，被保险人可获得高于所交保费的满期保险金，满期保险金的给付金额为已支付的保险费之和乘以 150%。也就是说，如果所交保费总共为 2 万元，那么保险期满后可获得 3 万元满期给付金。

在该产品的设计上，若投保人在交费期间不幸身故、全残或罹患合同约定的重大疾病，也可豁免后期保费，这样就能让孩子的保障得到延续，不至于因为父母发生意外而中断。

通过对该产品的了解可以看出，该产品既能呵护孩子成长，又能获得保费增值收益，对既有孩子保障需求又有理财需求的投保人来说很合适。

2. 少儿险投保要注意

许多投保人在为孩子投保时会担心赔偿不高，因此就选择类似险种多投的方法，实际上这种做法并不正确。根据保监会 2015 年 9 月发布的《关于父母为其未成年子女投保以死亡为给付保险金条件人身保险有关问题的通知》，对被保险人死亡给付的保险金额总和和被保险人死亡时各保险公司实际给付的保险金总额有以下规定：

（1）对于被保险人不满 10 周岁的，不得超过人民币 20 万元。

（2）对于被保险人已满 10 周岁但未满 18 周岁的，不得超过人民币 50 万元。

该通知自 2016 年 1 月 1 日起执行，从上述内容可以看出，少儿身故保额是有限制的，多投并不会获得更多赔偿。

满期返还保费是许多少儿险的特点，这类型保险可使被保险人一次性领取较多的满期返还金，且中途退保可能会遭受一定损失，因此在购买时投保人要提前规划未来保费的支付能力，避免中途退保白白遭受损失。

3. 家长如何借少儿保险打理压岁钱

每到春节，许多孩子都会收到亲戚朋友给的压岁钱，为了让这笔压岁钱发挥更大的用处，父母可以利用压岁钱为孩子投保，这样既能培养孩子的理财意识，还能为孩子的成长添加保障，可谓是一举两得。

压岁钱可以说是孩子每年的一项固定收入，且可能会逐年增长，因此可以选择一份每年定期支付保费，且保费支出与孩子压岁钱相当的教育金保险。下面来看一款为孩子压岁钱提供有效解决方案的保险产品。

🐷 产品分析：太平"小当家"综合理财计划 B 款

太平"小当家"综合理财计划 B 款是太平保险公司为出生满 60 天～15 周岁儿童设计的一款集理财功能与理财教育功能为一体的儿童理财产品。该理财计划由《太平盈盛两全保险 B 款（分红型）》和《太平附加安康重大疾病保险 2007》组合构成。

每份保单的投保金额为 1010 元，两份起售，交费期为 10 年，保障期为 15 年。也就是说，孩子只需每年从他的压岁钱和零花钱中省出 2020 元，就可获得教育金保障、满期保险金、18 种重大疾病保障、身故保障和重大疾病住院费用保险金，让孩子每 3 年都可以领取一笔教育基金，同时又可以获得健康保障基金和保单红利收益。

该少儿保险理财产品的交费方式为一年交一次，而孩子压岁钱的累积方式通常是一年领一次，两者具有相似之处，因此可以让孩子学会积累和规划自己的压岁钱。

对于返还的教育金，父母可以拿出一部分用于教育支出，另一部分则交由孩子，让孩子进行自主理财，帮助孩子养成合理规划的理财能力。

目前市场上类似于太平"小当家"综合理财计划 B 款的保险理财产品还有很多，投保人可综合比较后再选择适合自己孩子的产品。如果孩子还没有意外、医疗保障，那么在利用压岁钱为孩子投保时要做到意外医疗保障先行，教育金保障后行。

另外，父母也不要过度透支孩子的压岁钱，要留出一部分让孩子自己支配，如果孩子压岁钱不够，父母可为孩子提供一定的资金支持。

4. 让少儿理财险获得更高回报

父母为孩子投资时应考虑的是资金的安全性和收益的稳定性，因此具有保障和理财功能的理财型保险是很多父母的选择。目前市场上的部分少儿理财型保险能够让保险理财获得二次增值，实现投资收益的稳定增加。下面来看一款能够获得二次增值收益的少儿理财型保险。

产品分析：泰康璀璨人生年金计划

泰康璀璨人生年金计划是泰康人寿保险公司为出生满30天～14周岁儿童设计的一款理财型少儿险。该产品交费方式灵活，可选一次性交纳，也可以选3年、5年和10年交，保险期间为至被保险人99周岁，该产品具有如图8-1所示的产品特色。

◆ 生存保险金	犹豫期后开始每年领取生存金		搭配选择
大学教育金	18周岁可领取12倍基本保额		◆重疾保障
30岁一次性领取选择权	30周岁一次性领取48倍基本保额	+	① 32种重疾————————5-50万元
祝寿保险金	65周岁给付，金额为已交保费		② 身故（疾病/意外）————5-50万元
身故保险金	被保险人不幸身故，至少给付100%已交保费（65周岁后不享有）		◆意外保障 ① 意外身故————————10-50万元 ② 意外伤残————————1-5万元
坐享分红	主险分红，配合万能账户，累积生息，增加收益		◆附加豁免责任 投保人身故、重疾豁免被豁免合同保险费

图 8-1　泰康璀璨人生年金计划产品特色

通过图8-1的产品特色可以看出，该产品具有生存保险金、教育金、满期生存金、身故保险金、祝寿保险金和分红收益功能。投保人可根据需要搭配选择重疾保障、意外保障和附加豁免责，因此可满足被保险人疾病、意外、养老和教育创业的保障需求。

从投资理财的角度来看，投保该产品后可获得四重保险金给付，分别是年年领取的生存保险金、高于基本保额的教育金、创业金及返还已交保费的祝寿金。除这4笔投资收益外，被保险人还能获得额外两倍增值收益，增值收益来源于红利收益和万能账户收益。

下面假设一投保人为其 5 周岁的儿子购买该产品,每年交纳保费 3 万元,附加万能险趸交保险费 10 元,保费交费期间为 10 年,下面来看看能够获得多少投资收益,如表 8-4 所示。

表 8-4　泰康璀璨人生年金计划部分保险利益演算　　　　单位:元

保单年度	保险费			红利收益(中档)	万能账户收益(中)	主附险总利益	生存给付金额
	主险保险费	附加保险费	累计保险费				
1	30000	10	30010	275	3898	33898	7440
2	30000		60010	745	7960	67960	3720
3	30000		90010	1227	12206	102206	3720
4	30000		120010	1720	16643	136643	3720
5	30000		150010	2226	21279	171279	3720
6	30000		180010	2744	26124	206124	3720
7	30000		210010	3275	31187	241187	3720
8	30000		240010	3820	36478	276478	3720
9	30000		270010	4378	42007	312007	3720
10	30000		300010	4950	47784	347784	3720
13	0		300010	5101	66725	366725	48360
30	0		300010	4865	331537	631537	3720
60	0		300010	6930	1478869	1831939	303720
94	0		300010	50	8244521	8244521	3720

从表 8-4 可以看出,被保险人在保单生效后的第一年可领取 7440 元生存金,随后每年可领取 3720 元,其中,在 18 周岁时(即第 13 个保单年度),

可一次性领取 48360 元，在 65 周岁时（即第 60 个保单年度），可一次性领取 303720 元。

该保险产生的生存保险金和保单红利都可自动进入万能账户，享受万能险投资收益，万能险的投资收益会随着投资期限的增加逐渐增加。若被保险人在 35 周岁时申请取出账户价值，那么可获得 331537 元的累计本利收益，可见收益是可观的。

在购买该款理财型少儿教育金保险时，如果自己的孩子已经拥有了足额的疾病保障和意外保障，那么可不附加重大疾病和意外伤害保险；如果还未给予孩子足额的保障，可附加。

另外，投保人还可以根据自身情况，选择是否附加豁免责任。附加豁免责任对孩子来说是比较重要的，因为它能保障孩子即使在父母发生意外或疾病时也不至于中断保障。但不同的少儿险，其附加豁免责任的豁免内容是不同的，大多数的豁免责任为投保人身故，投保人在投保时还是要注意查看豁免内容。

.09
.PART.

认识养老
保险

了解储蓄
型寿险

如何进行
养老理财

稳当规划养
老资产

为晚年生活提供财务保障

退休后如何维持日常生活是每一个人都需要考虑的问题，生老病死是自然规律，及早进行养老规划能够让晚年生活更加多姿多彩。社会养老保险 + 商业养老保险是目前解决养老问题的重要手段，能够让人们在年老时获得一笔保证生活质量的养老金。

9.1 养老保险让你安心养老

> 目前，我国已处于"老龄化社会"，如何养老已经成为
> 亟待解决的问题。如今，养儿防老已不再可靠，老年人必须
> 在年轻的时候就为自己的养老问题进行规划，保障自己有一
> 个安心舒适的晚年。

老龄化社会是指老年人口占总人口达到或超过一定的比例的人口结构模型。下面来看看国家统计局公布的2014年人口年龄结构数据，如图9-1所示。

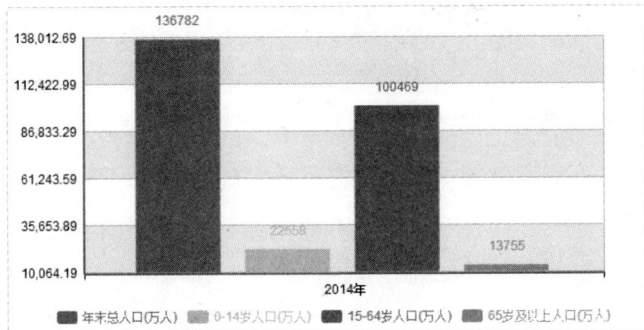

图 9-1　2014 年人口年龄结构

通过图9-1可以看出，到2014年年度末总人口为136782万人。其中，0～14岁人口为22558万人，15～64岁人口为100469万人，65岁及以上人口为13755万人，通过计算可知，65岁及以上人口占总人口的比重约为10.1%。

按照联合国的传统标准，一个地区60岁及以上人口达到总人口的10%，新标准是65岁及以上占总人口的7%，该地区即视为进入老龄化社会，

按照这个标准，可见我国已进入老龄化社会。

老年人数量的增多也意味着老年患者会增多，如何让老年人"老有所医"是目前已经步入老年群体和即将步入老年群体的人正在考虑的问题。除"老有所医"外，"老有所养"和"老有所乐"也是需要考虑的。

面对养老的压力和挑战，保险理财显得尤为重要，合理进行保险理财，可以储备养老资金，既解决养老压力，又能提高年老时的生活水平。

1. 认识什么是养老保险

养老保险可分为社会养老保险和商业养老保险，社会养老保险是社会保障体系的组成部分之一，商业养老保险是商业保险的一种，它实际上是一种人身保险，以人的生命或身体为保险对象。

不管是社会养老保险还是商业养老保险，其目的都是为了保障老年人的基本生活需求，为老年生活提供稳定可靠的收入来源。由于之前已经对社保保障体系有了一定的介绍，因此我们这里讲述的养老保险主要是商业养老保险。

商业养老保险作为社会养老保险的补充，它能够解决很多人退休后社保养老金不够用的问题，而且，并不是所有的人都会购买社保，对于没有社保的人群来说，商业养老保险就是不可缺少的了。

商业养老保险是以获得养老金为主要目的的长期人身险，被保险人在交纳一定的保费后，就可在保险合同约定的年龄领取养老金。商业保险中的两全保险、年金保险、定期保险和终身保险都可以帮助被保险人实现养老规划。

商业养老保险不是强制性保险，任何人都可自愿投保或不投保，投保所交保费的多少和交费期限的长短也和个人意愿有关。因此商业养老保险可以根据个人情况自主灵活地进行合理规划。

目前市场上的商业养老保险除具有养老功能外，还具有理财功能，实现长期投资稳健增值，让养老更无忧。

2．养老保险有哪几种类型

商业养老保险主要有 4 种类型，包括传统型养老险、分红型养老险、万能型寿险和投资连结保险。下面分别来认识这 4 种类型的养老险。

■ 传统型养老险

传统型养老险是以固定的费率及生命表作为费率厘定基础的养老险，这类养老险不具备增值功能，不能很好地抵御通货膨胀，因此市场上此类养老险很少。

固定交费、定额利息和固定领取是传统型养老险的特点，在交费时就会确定未来养老金的领取金额，以及从什么时候开始领取养老金。传统型养老险的回报稳定，风险低。它的回报会按照保险合同约定的利率来进行计算，一般为 2.0% ~ 2.4%，大多数与当时的银行利率保持相当水平。

传统型养老险更适合于以强制储蓄养老为主要目的，不愿承担投资风险，投资风格为保守型的投保人。

■ 分红型养老险

分红型养老险就是具有分红功能的养老保险，与传统型养老险不同的是，分红型养老险具有抵御通胀的能力，其养老金的领取同样安全、稳定。分红型养老险通常也有约定利率，但利率比传统型养老险低，通常为 1.5% ~ 2.0%，但因为能够享受保险公司的分红收益，因此能够使养老金相对保值，并有一定的增值。

分红型养老险适合于既有养老保障需求，又想通过保险理财获得一定稳定投资增值的投保人。

■ 万能型寿险

万能型寿险具有万能险的特征，即承诺最低保本收益，在扣除初始费用和风险保障成本等后，保费会进入万能账户享受投资收益，养老理财与万能账户相结合能够享受稳定的现金流。

有理性养老规划的投保人可选择万能型寿险，让自己的养老资金得到长期积累。

■ 投资连结保险

投连险之所以也可以成为一种养老手段，是由于长线投资带来的可观收益。对于风险承受能力较高的投保人来说，他们便可利用投连险来获取投资收益，同时兼顾养老。

保险理财方式的多元化使得养老工具日益丰富，但这几种类型的养老险都有其缺陷，投保人在投保时还需根据自身情况合理选择。

3．计算你的养老金和退休金

在养老理财备受关注的今天，每一位有养老需求的个人都希望知道退休后自己能领到多少养老金，这笔养老金够不够个人开销。要清楚自己退休后的养老金够不够花，首先需要预估退休后每月需要多少生活费，而退休后每月生活费用可用以下公式进行计算。

退休后每月生活费＝现在每月消费金额 × （1+ 物价上涨率）^{N} 的 N 次方（N= 退休年龄 - 现在的年龄）

假设现在每月消费金额为 3000 元，物价上涨率为 1%，N 为 20，那么可计算得出退休后每月大约需要 3660.57 元。

得知退休后每月大约需要多少生活费以后，就可以预估一下未来领取的养老金是否能够满足退休后的生活需求。

对于已经购买了社保和商业养老保险的人来说，退休后能够拿到的养老金由社会养老金和商业养老金构成，前面我们已经知道了如何利用养老金计算器来预估退休后大致能拿到多少社会养老金，计算出社会养老金后再加上商业养老金就可算出养老金总额。

退休后商业养老金能领多少也是可以预估的，这是因为在商业养老险保险合同条款中会明确写明养老金的领取金额。比如某养老险中关于年金领取方式有以下规定。

在本合同有效期内，如被保险人在首个年金领取日零时仍生存，公司将按以下约定给付年金，直至被保险人身故。

本合同的首个年金领取日有4种选项，分别为被保险人年满50周岁、55周岁、60周岁和65周岁后的首个保单周年日。

年金领取的方式分为按年领取和按月领取两种，由您在投保时与我们约定。

（1）按年领取。每期年金领取金额为本合同的基本保险金额，年金领取日为自首个年金领取日起的每个保单周年日，保证给付期为20年。

（2）按月领取。每期年金领取金额为本合同的基本保险金额的8.4%，年金领取日为自首个年金领取日起的每个保单周月日，保证给付期为240个月。

假设被保险人的基本保险金额为10000元，在年满60周岁时领取年金，领取方式采用按月领取的方式。那么就可计算出每月被保险人可领取840元（10000×8.4%）年金作为养老生活支出。

假设该被保险人退休后每月领取的社保养老金约为2300元，那么该被保险人领取的养老金总额为 3140 元。与退休后每月预估的 3660.57 元相比仍有缺口，可见该被保险人还需采取其他理财手段为其增加养老收入。

4. 养老金的领取条件

社会养老金的领取条件比较简单，社保参保人员只需符合以下两个条件即可领取社保养老金。

◆ 达到法定退休年龄。

◆ 累计交费满 15 年。

我国目前法定退休年龄男职工年满 60 周岁、女干部年满 55 周岁和女工人年满 50 周岁，从事井下、高空和高温等其他有害健康工作，在这类岗位工作达到规定年限的职工，男性年满 55 周岁，女性年满 45 周岁可退休。

延迟退休是近几年的热门话题，但由于相关政策还未出台，因此法定退休年龄仍按原标准执行。2016 年 7 月 13 日二十国集团劳工就业部长会议在北京闭幕，人力资源和社会保障部部长表明，延迟退休方案预计今年出台，可见延迟退休相关政策的出台已经是箭在弦上的事了。

而对于商业保险养老金的领取条件要根据保险合同具体条款来看，不同的养老保险其领取条件是有差别的，通常是被保险人生存至保险合同约定的领取年龄的首个保单周年日即可领取。

商业养老金的领取方式与社会养老金的领取方式有一定差别，社会养老金是每月领取，且当地上年度在岗职工月平均工资若发生变化，养老金领取金额也会变化。而商业养老金的领取方式主要有三种，具体如下。

◆ **定额领取：**是指在规定的单位时间确定领取金额，直至将保险金全部领取完毕。

◆ **定时领取：**是指约定一个领取时间，比如 15 年或 20 年，再根据养老保险金的总量来确定每次领取的金额。

◆ **趸领**：是指一次性领取所有养老金。

9.2 储蓄型寿险让养老无忧

人寿保险简称寿险，为自己买一份人寿保险能够为老年生活和人身风险提供保障。另外，人寿保险的储蓄功能还能帮助投保人养成储蓄的好习惯，利用强制储蓄的手段来保障未来的养老金。

1．如何用寿险进行养老规划

寿险按照保险期限来划分主要有两种，定期寿险和终身寿险；按照业务范围来划分则包括生存保险、死亡保险和两全保险。对于这几种类型的保险，相信大家都不会太陌生，在前面的内容中，对这几种险种都有一定的涉及。

从养老规划的角度来说，购买一份寿险是很重要的，当不幸来临时，一份人寿保险就可能让家人共同渡过难关。另外，为自己买一份人寿保险，还能让自己获得更多的安全感。

进行人寿保险养老规划要从年轻或中年时做起，因为年龄越大，保费通常会更高。而且，若是年龄过大，可能无法买到寿险，同时也并不划算。

若是要为养老生活提供保障，购买定期寿险就不能选保险期限太短的定期寿险。定期寿险具有"低保费、高保障"的特点，对于收入不高且有较高保障需求的年轻人或中老年人来说是不错的选择。

终身寿险能够将保障持续到被保险人死亡之时，且保险金最终都要给付给被保险人或受益人，因此更适合于养老，但终身寿险比定期寿险保费支出更多，更适合家庭经济能力较好，想要将个人财富留给下一代的中老年人，大多数年轻人并不适合买终身寿险。

对于追求稳健和长期投资收益的人来说，两全寿险是不错的选择，能够在获得保障的同时积累养老金。在选择两全寿险交费方式时，可选择期交，这样可以减轻一次性交费的压力。

2．看看寿险如何让你安心养老

人寿保险产品通过不同的组合能够让被保险人获得高额的寿险保障，同时也可用于养老。前面我们已经知道了寿险有定期寿险和终身寿险两种，下面我们就以 e 爱家——养老型定期寿险为例，来看看定期寿险如何为被保险人提供一次性积累的养老金。

产品分析：e 爱家——养老型定期寿险

e 爱家——养老型定期寿险是泰康人寿保险公司为 18 ~ 45 周岁的人群设计的一款养老型定期寿险，交费方式可选年交和月交，交费期限为10 年、15 年或 20 年，该产品能够保障至被保险人 60 或 70 周岁，能为被保险人提供如表 9-1 所示的保障。

表 9-1　e 爱家——养老型定期寿险保障利益

保障内容	保险金额	具体说明
身故保险金	10万~50万元	保险期间内，被保险人因疾病或意外事故身故，按保额 + 已交保险费（含被豁免部分）给付身故保险金，合同终止
满期保险金	年交总保费 ×10 /15/20 年	在保险期间届满时仍然生存，一次给付等价于所有保险费的保险金（含被豁免部分）

续表

保障内容	保险金额	具体说明
重大疾病豁免保险费	——	因意外伤害或者投保 180 天后因非意外伤害，初次确诊重大疾病，豁免本计划的后续保险费，保障继续有效

从保障内容可以看出，该产品提供身故（疾病／意外）、满期生存金和附加重大疾病豁免保障。该产品保费价格为 36.39 元／月起，对于没有储蓄习惯的人来说，就可每月拿出一部分闲钱购买该产品，进行强制储蓄，从而使自己在获得保障的同时，为 60 或 70 周岁积累一笔养老金。

该款定期寿险在满期后只能获得返还的本金，并没有任何投资收益，如果投保人想要让自己的保费有一定的增值，可选择比所交保费高的返还型定期寿险，但购买此类定期寿险一般需要支付更多的保费。

3.了解寿险合同特有条款

大多数寿险的保险期限和交费期限都比较长，在投保寿险时，投保人要注意寿险保险合同条款内容，特别是以下几项。

■ 保费交纳条款

对期交保费且交费期限较长的寿险来说，保险费的按时交纳很关键，因为在保险合同条款中对保险费交纳有一些规定。如下所示为某寿险保险合同条款中关于保险费交纳的内容。

本合同的交费方式于交费期间由您在投保时与我们约定，并在电子保单上载明，分期支付保险费的，在交纳首期保险费后，您应该在每个保险费约定交纳日交纳其余各期的保险费。

如果您到期未交纳保险费，自保险费约定交纳日的次日零时起 60 日为宽限期。宽限期内发生保险事故，我们仍承担保险责任，但在给付保险金时会扣除您欠交的保险费。

如果您在宽限期内未交纳保险费，则本合同自宽限期满的次日零时起效力终止，但本合同另有约定的除外。

通过上述内容可提醒投保人，期交的后续保费应及时交纳，若在宽限期满后还未交纳，那么被保险人很可能将不再享受该保险提供的保障。

■ 复效条款

投保人若在宽限期后及时补齐应交保费，那么保险合同效力将会恢复，但要注意的是，补交保费也有时间期限，超过期限规定的，保险公司可解除合同，下面来看看某寿险合同中的合同效力的中止和恢复条款。

在本合同中止期间，我们不承担保险责任。

本合同效力中止之日起两年内，您可以申请恢复合同效力，经您与我们协商并达成协议，在您补交保费之日起，本合同效力恢复。

自本合同效力中止之日起满两年，您和我们未达成协议的，我们有权解除本合同，本合同自解除之日起终止。我们主动解除合同的，我们向您退还本合同中止时的现金价值。

9.3 既要养老，也要理财

如果没有充足的养老资金储备，退休后的生活品质很难得到保障，合理进行养老规划，实现多元化投资理财组合，能使养老理财两不误。

1．养老储蓄保险如何搭配

要实现"养老无忧"，仅仅靠社会养老保险是不够的，还需要商业养老保险及其他理财产品作为补充。另外，进行养老保险理财规划，还要学会合理地搭配商业养老险险种。

大多数养老险都是按期交纳保险费，在特定的年龄领取养老金。市场上养老险的品种很多，在选择时要在做好意外保障和健康保障的基础上再购买投资理财保险。

在没有基础健康保障的情况下，可以为自己购买一份返还型的重疾险，这类保险的好处在于获得保障的同时还能为养老储蓄一笔养老金。但前提是在保险期间内，被保险人未发生保险合同发生的重大疾病，也就是说没有发生赔付的情况下，且被保险人在保险期满后仍生存。返还的金额可能等于所交保费，也可能高于所交保费。

在购买返还型重疾险时，要注意返还年龄，保费返还的年龄不能太晚，一般选择在退休时领取这笔返还的保费最好，因为这样就可以使自己在刚退休时就获得全面的养老保障。

从做好退休后健康保障的角度出发，除重大疾病险以外，长期看护险和终身医疗保险都是需要在年轻时就做好打算的，因为这几类保险对被保险人的年龄有一定限制。

做好健康养老规划后，便可以考虑投资理财型的养老险，投保人如果收入稳定，且短期内没有使用大额资金的计划，那么用分红型养老险为自己存下一笔养老金，既能强制储蓄，又能拥有寿险保障。

对于中高收入投保人来说，可选择万能型养老险或投连险，这两种保险具有资金积累的作用，账户资金提取灵活，且这笔账户资金完全可以用于个人养老使用。

总之，养老保险组合方式应是意外险＋健康险＋投资理财型养老险，这种组合方式基本上能够抵御年老时可能存在的各种风险，当发生合同约定的保险事故后能够获得赔偿，赔偿金可用于养老理财型保险保费的补偿，避免因保障不足给养老带来巨大压力。

2．养老险投保也要量体裁衣

养老理财的工具除了社会保险和商业养老险外，银行存款、基金和股票等都可以作为养老理财的工具。这几种养老理财工具风险大小是不同的，养老理财规划应兼顾长期收益和流动性需要，因此商业保险是必须要配备的，它是其他养老理财产品所不能替代的，

前面我们已经知道了养老保险的组合方式，对于不同的人群，在购买养老险时也要做到量体裁衣，下面来看看不同人群购买养老险时如何量体裁衣。

■ 事业上升期的年轻人

对于事业上升期的年轻人来说，他们的积蓄在逐渐增加，因此投保商业养老保险可以先低后高，随着收入的增加而逐渐增加保费的投入，在保费支出之外，年轻人可能还会有一些不确定的支出，因此在选择养老险时可以选择灵活性较强的养老险。

"传统寿险＋万能险"的养老组合方式有固定的最低投资收益保障，且保费交费方式和领取方式都比较灵活，因此适合风险承受能力较高，但保费交费能力并不一定持久，有时还可能存在不确定的额外支出的年轻人。

另外，万能型养老险还具有资金积累时间越长收益越可观的特点，从年轻时开始购买此类养老险，资金积累几十年后，到退休时可领取的养老金将是一笔不菲的资金。

从投资收益来看，万能型养老险的收益高于传统的养老险，但需要长期积累，年轻人要想通过万能型养老险为自己提供足够的养老金，还要做到约束自己，如果经常利用万能险的灵活性取出个人账户资金，也不补充保费，那么整个养老计划的目标将不会得到实现。

■ 有社保稳定收入人群

社会养老保险属于定期领钱且领取方式和金额相对确定的一种养老保险，再加上收入稳定人群每月工资相对固定，因此他们更容易接受退休时养老金领取金额相对固定的商业养老险。

养老型年金保险能够保障在晚年时可按期领取固定数额的保险金，因此比较适合有社保稳定收入的人群。

养老型年金保险的投保风险很小，保险公司必须按照法律规定提取责任准备金，即使保险公司停业或破产，其余保险公司仍会自动为其分担年金给付。

对于稳定收入人群来说，他们有经济能力每月固定拿出闲散资金用于交纳保费，在保证年金领取安全可靠的前提下，可使自己在退休时定期、定额领取年金。

■ 收入较高的中年人群

对于个人收入水平高于社会平均工资的人群来说，他们在进行养老资产规划时，选择的养老工具可能会更多，但随着年龄的增大应逐渐降低高风险产品的投资，转而选择中等或稳健收益的养老工具。

保险理财产品具有强制理财，收益稳定的特点，因此是此类人群不错的选择。在将保险理财产品作为养老工具时，此类人群可以选择分红型养老险。

分红型养老险能够抵御通货膨胀，它可以作为养老工具配置多元化人群分散投资风险，同时，随着分红收益的积累，也能实现养老金领取水平的不断递增。

另外，在经济条件允许的前提下，也可以搭配投连险和万能型养老险，做到保险理财产品的分散投资，实现养老金的稳定领取和稳健增值。

3．如何让自己终身领取养老金

随着生活水平的提高，越来越多的人追求健康长寿，医疗水平的提升使得健康长寿成为可能，在我国，老寿星的人数也在增长。

在养老保险产品中，社会养老保险是可以领取到终身的，但商业养老保险则不同，有些商业养老险的养老金是有领取年龄限制的，如果老年人足够长寿，那么就有可能使自己在一定年龄后无法再领取到养老金，如某养老险的保单利益内容如图 9-2 所示。

保单利益

● 养老保险金
　　自被保险人生存至 61 周岁的保单周年日开始，每年到达保单周年日仍生存，我们每年按基本保险金额的 20%给付 1 次"养老保险金"至被保险人年满 80 周岁的保单周年日零时止。
● 祝寿金
　　被保险人生存至 80 周岁的保单周年日，我们按照基本保险金额给付"祝寿金"。
● 身故保险金
　　被保险人于保险合同生效之日起，至 61 周岁的保单周年日前身故，我们按下列两者的较大值给付"身故保险金"，保险合同终止：
　　（1）保险合同所交保险费；
　　（2）被保险人身故当时保险合同的现金价值。
若被保险人于 61 周岁的保单周年日及之后身故，我们按基本保险金额的 4 倍与已领取养老保险金的差额给付"身故保险金"，但不得超过本主险合同的所交保险费，本主险合同终止。

图 9-2　某养老险保单利益

从图 9-2 可以看出，该养老险养老金的领取年龄为 61 ～ 80 周岁，如果被保险人在 80 周岁仍生存，可在 80 周岁时获得祝寿金，但 80 周岁后将不能再领取养老金。如果想要保证自己终身能领取商业养老金，那么在选择商业养老险时就要选择保障终身的养老险。下面就来看一款能够保证终身领取养老金的养老险。

产品分析：e 理财——【养老险】养老无忧终身年金险

e 理财——【养老险】养老无忧终身年金险是泰康人寿保险公司对出生满30 天～40 周岁人群设计的一款养老险，该产品具有以下特点，如图 9-3 所示。

	交多少	领多少	交纳方式	何时领	怎么领	领多久
生存保险金（养老金）	200元/月起	所交金额+分红收益	月/年	越早交，越早领，最早30岁	年/月	终身领取（至少领20年）
身故保险金	在首个领取日之前身故，我们给付受益人所有已交纳的保险费以及未领取的红利。（如30岁购买，交15年，不幸在58岁前身故，则给付已交保费及红利，合同终止。）					

图 9-3　养老无忧终身年金险产品特点

从图 9-3 可以看出，该产品的交费方式可选年交或月交，保费金额200 元 / 月起，养老金的领取方式可选年领或月领，领取金额为所交保费金额 + 分红收益，养老金可终身领取，至少可领 20 年。

养老金领取方式可在投保时选择且可以变更，领取方式的不同，生存保险金给付的金额也会不同。按年领取生存保险金的，其生存保险金年领取金额为保险金额；按月领取生存保险金的，其生存保险金每月领取金额为保险金额 ÷11.866。

灵活的养老金领取方式能够满足晚年时对资金金额的不同需求，该产品的养老金可领取到终身，只要被保险人没有身故都可以领取养老金，这就满足了长寿老人对养老金的需求。

对于此类可领终身的养老险，被保险人只有生存时间越长，才越划算。为什么这么说呢？下面来看一个保险案例。

假设一个 30 周岁投保人为自己投保该产品，每月交纳保费 500 元，共交 15 年，所交保费总额为：500×12×15=90000（元），生存保险金的领取方式为月领，红利领取方式为累计生息。

该投保人在年满58周岁后的首个年生效对应日起，在每个月生效对应日都可领取500元生存保险金，如果该投保人生存至100周岁，那么共计可领取252000元（500×12×42）生存保险金，与所交保费90000元相比，多出162000元。但如果该投保人领取养老金的年限不足15年，如14年，则可领取84000元（500×12×14），在不考虑红利收益的情况下，是不划算，因为所领养老金还没有所交的保费多。

在该养老险保险合同条款中，关于身故保险金有以下规定。

如果被保险人于本合同约定的首个生存保险金领取日（含该日）之后身故，身故保险金数额为零。也就是说，假设该案例中的投保人在年满58周岁的首个年生效对应日（含该日）之后身故，那么将不能领取身故保险金，由此看来，该投保人只有生存至73岁，才能将所交保费通过养老金的方式全部领回来。从这一方面也反映出了身体健康对一个人的重要性，这也是为什么我们强调购买保险要先保障再理财的原因。

4．如何让你的养老储蓄增值

对于已经领取养老金的老人来说，退休后养老金是一笔固定的收入，与其将养老金存在银行，不如用于投资理财。由于养老金毕竟有限，每月还需拿出一部分用于生活开支，因此能够用于投资理财的资金并不会太多，在选择投资工具时就要选择收益稳健，能够使养老金得到一定程度增值的理财产品。

在理财产品中，具有稳健收益特征的保险理财产品比较适合于老年人用养老金进行理财。下面我们一起来认识一款能够让养老金增值的保险理财产品。

产品分析：国寿嘉年保险理财

国寿嘉年保险理财是由中国人寿养老保险股份有限公司提供，由嘉实基金管理有限公司进行投资管理，在腾讯理财通进行销售的一款保险理财产品。

这款保险理财产品是受中国保监会监管的养老保障管理产品，保险公司依据保监会的《养老保障管理业务管理暂行办法》开展业务，为个人投资者提供专业的养老资产投资管理和储蓄增值服务。

该产品采用专户投资管理的模式，投资运营所得收益全额计入养老保障管理基金账户，满足投资者的养老资金投资储蓄需求，同时可以为投资者提供灵活的产品申购赎回，满足投资者的资金流动性需求。总体来说，产品具有以下特点。

◆ **资金稳健**：主要投资品种的资金安全性高，收益稳健。

◆ **投资范围广**：主要投资于短期有价证券及类证券化金融产品，依托多元化投资平台，精选多种投资品种，更易提高收益率。

◆ **高流动性**：增加货币型投资组合的投资支持赎回 T+1 日到账，流动性高。

◆ **低门槛性**：认购金额门槛低，无申购、赎回费用，投资成本较低，为投资者提供小额闲置资金的储蓄增值服务。

通过对该产品的了解可以看出，该产品安全性高、收益稳健，出现亏损的可能性较小，因此适合有稳健投资需求的老年人进行投资。另外，该产品起购金额为 1000 元，门槛较低，使得老年人能够轻松拿出闲置资金用于投资。

该产品在买入后，会在下一个交易日开始计算收益（如遇节假日顺延），其收益规则如图 9-4 所示。

买入时间	开始计算收益	收益到账
周一15:00至周二15:00	周三	周四
周二15:00至周三15:00	周四	周五
周三15:00至周四15:00	周五	周六
周四15:00至周五15:00	下周一	下周二
周五15:00至下周一15:00	下周二	下周三

图 9-4　国寿嘉年保险理财收益规则

该产品取出灵活，不限额度，老年人可按需取出需要的资金，其他暂时不会使用的资金可继续享受投资收益，取出后，资金的到账时间也很快，具体规则如图 9-5 所示。

取出时间	资金到账时间
周一15:00至周二15:00	周三24:00前
周二15:00至周三15:00	周四24:00前
周三15:00至周四15:00	周五24:00前
周四15:00至周五15:00	下周一24:00前
周五15:00至下周一15:00	下周二24:00前

图 9-5　国寿嘉年保险理财取出规则

该产品虽然具有收益稳健的特征，但不代表没有任何风险，也就是说投资也可能会出现亏损，只是可能性较小。另外，该产品不具备保险保障功能，这一点在购买时需要投资者明确。

对于没有理财习惯的老年人来说，在退休后可培养自己理财的爱好，既能丰富养老生活，又能让"钱生钱"。如果养老金和个人积蓄都比较多，养老压力不大，那么在进行投资理财时就可在保证稳健投资的基础上，适当进行激进型投资，具体配置比例为 90% 安全投资 +10% 激进投资。

在进行投资工具配置时，可投资一部分银行存款、国债或货币基金等风险低的理财产品，再配置风险中等的保险理财产品或固定收益类理财产品，最后再投资一部分风险较高的股票、指数基金和投连险等。

9.4 稳当规划个人养老资产

> 我们退休后使用的养老金都是年轻时一点点积累起来的，对准退休族和已经退休的人来说，都有养老理财的需求，下面一起来看看如果善用养老资产。

1. 不是人人都适合买寿险

对于终身寿险和定期寿险我们已经有了一定的认识，定期寿险大多属于消费型险种，保费低，而大多数终身寿险属于储蓄型险种，保费高、交费期限长。但终身寿险能保终身，而定期寿险则有保险期间限制。

两种寿险的不同特征决定了不同的人群适合购买的寿险险种是不同的，购买终身寿险的人群一般要满足以下几个条件。

◆ **收入高且固定**：保费负担能力强的人群才有足够的经济能力保证终身寿险定期的保费支出。

◆ **有储蓄和保障需求**：目前大多数终身寿险都有投资理财的功能，它的投资理财功能能够产生持续的收益，因此拥有储蓄和保障需求的人群适合购买终身寿险，如果只有保障需求，那么选择定期寿险更划算；如果只有储蓄需求，那么选择其他收益更高的理财工具更合适。

◆ **有遗产规划需求**：有遗产规划需求的人群也可以购买终身寿险，

这是因为终身寿险的保险金给付条件一般是被保险人身故，被保险人身故后保险金可赔付给受益人，而人寿保险的赔付金免征所得税，因此通过购买终身寿险可转移资产，合理避税。

大多数二十岁出头的年轻人不具备上述条件，因此年轻人大都不适合购买终身寿险，而中老年人则大都能满足上述条件，因此终身寿险更适合中老年人购买，但如果年龄超过50周岁或60周岁，就不太适合购买终身寿险了。

对于年轻人来说，他们更需要的是保障，应优先为自己购买意外险和健康险等保障型险种，等到有了一定经济能力后再考虑养老问题，利用终身寿险来规划养老资产。

2. 养老保险缴多少年最划算

在养老保险中，社会养老保险规定必须缴满15年，才能在退休后领取养老金，但参保人也可以选择延长缴费年限，那么是不是养老保险交15年最划算呢？

实际上，养老金和缴费金额是正相关的，缴费年限越长，缴费金额也会越多，退休后可领到的养老金也会越多。因此从长期收益来看，社会养老保险缴费时间越长越划算。

但这一点对高收入者可能不适用，因为工作收入越高的人，未来养老金的替代率越低。下面我们一起来算笔账。

假设当一个35周岁参保人月工资为3000元，缴纳社保至60周岁，共25年，本人平均缴费指数为1，退休后上一年度在岗职工月平均工资为3500元，根据养老金计算公式可知具体的领取金额如下。

基础养老金＝全省上年度在岗职工月平均工资 ×（1+ 本人平均缴费指数）÷2× 缴费年限 ×1%=3500×（1+1）÷2×25×1%=875（元）。

个人账户养老金＝退休时个人账户储存额÷本人退休年龄相对应的计发月数养老金＝3000×8%×25×12÷139=517.99（元）。

计发养老金＝875+517.99=1392.99（元）

假设另一投保人的月平均工资为 1 万元，每月社保缴费基数为 6000，本人平均缴费指数 1.5，在其他条件不变的情况下，该投保人可领取养老金 1093.75+1035.97=2129.72（元）。

通过计算结果可知，月工资为 3000 元的参保人，养老金替代率为1392.99÷3000×100% ≈ 46.43%；月工资为 1 万元的参保人，养老金替代率为 2129.72÷10000×100% ≈ 21.29%。

由此可以看出，社会养老保险对于普通上班族来说，具有不可替代的作用，他们通常能获得 50% 左右的替代率，但对于高收入人群来说，收入越高，养老金的替代率就越低。

当然，上述的数据只是假设数据，社会养老金的计算方法实际上更为复杂。但从上述的计算结果也可以告诉我们，高收入者退休后收入的减少对他们生活质量的影响更大，即使社保缴费金额相对较多，与退休前的收入相比仍相差甚远，因此，高收入者还需要用其他理财工具来补充养老金。

总的来说，社保缴纳年限是否越长越好，缴纳金额是否越多越好要因人而异，作为基本保障，社保发挥着重要作用，但若想退休后拿到更多养老金，就还需要补充商业养老险或其他理财工具。

3. 购买享税收优惠的养老险

对于上班族来说，他们每月最终到手的工资收入实际上是税后工资，也就是扣除五险一金后实际发的工资，前面我们已经知道了购买社保可为自己节省个人所得税，那么还有没有其他方法可以为自己节省个人所得税呢？答案是肯定的。

如今，投保人通过购买商业养老险同样也可以为自己节省个人所得税。下面就来看看这款能节省个人所得税的商业养老险。

产品分析：岁税康：太平养老个人税收优惠型健康保险

岁税康：太平养老个人税收优惠型健康保险是太平保险公司为 16 周岁以上、未满法定退休年龄、缴纳个税且有医保人群设计的一款养老险。

太平养老"岁税康"包含 A、B 两款产品，即《太平盛世个人税收优惠型健康保险（万能型）A 款》和《太平盛世个人税收优惠型健康保险（万能型）B 款》。该保险产品保费交纳方式为年交或月交，所交保费可以享受个人所得税优惠，具有保额高、范围广、允许带病投保及无等待期等特点，同时个人万能账户能发挥资产保值增值的作用。可见该产品既可为个人节省所得税，又可享受投资收益。

该产品提供的健康保障可作为社会医疗保险的补充，其保障利益如表 9-2 所示。

表 9-2　太平养老"岁税康"保障利益　　　　　　　　单位：万元

医疗保险责任	首次投保时未罹患既往症的	首次投保时已经罹患既往症的	A 款	B 款
一、单个保单年度内医疗费用保险金额	20	4	√	√
（一）住院及前后门诊医疗费用保险金	20	4	√	√
其中，单一材料费用	3	0.5	√	√
（二）特定门诊治疗费用的保险金	2	0.5	√	√

续表

单位：万元

医疗保险责任	首次投保时未罹患既往症的	首次投保时已经罹患既往症的	A款	B款
（三）慢性病，门诊治疗费用保险金	0.3	0.1	√	√
二、保证续保期间内累计医疗费用保险金额	80	15	√	√

各医疗保险责任对应的保险金给付比例如表 9-3 所示。

表 9-3　保险金给付比例　　　　单位：%

医疗保险责任	基本医疗保险基金支付范围内费用	基本医疗保险基金支付范围外费用	A款	B款
（一）住院及前后门诊医疗费用保险金	100	80	√	√
（二）特定门诊治疗费用保险金	100	80	√	√
（三）慢性病门诊治疗费用保险金	100	80	√	-

通过保障利益可以看出，该产品能够提供门诊和住院费用保障，且赔付范围包括医保目录内及部分医保目录外用药，能够解决普通大众社会医疗保险保障不足的难题，另外，万能账户积累的资金可用于未来养老。

该产品与其他普通保险产品不同的是，所交保费可按照 2400 元 / 年的限额标准抵扣税前收入，这样就可以为投保人节省个人所得税。但要注意的是，该产品仅对进入万能账户且符合个人税收优惠型健康保险相关政策规定的保险费提供税优凭证，对通过万能账户支付的保险费不提供税优凭证，也就是说，如果使用万能账户中的个人账户价值来抵扣保费，那么这笔保费将不能享受税收优惠。

4. 自由职业者如何配置养老保险

对于自由职业者来说，他们有稳定的收入来源，但由于没有公司为其购买社保，有一部分自由职业者就没有参保社会养老保险或者参保社会养老保险比较晚，因此投保商业养老保险积蓄养老金就显得更为重要。

此类人群如果在选择商业养老保险时可考虑"保障＋投资＋定投"的养老险，通过保费定投的方式为自己积累养老财富。下面就来看一款具有定投、保障和养老功能的保险产品。

🔖 **产品分析：太平财富定投两全保险（分红型）**

太平财富定投两全保险（分红型）是太平保险公司为出生满30天～60周岁人群设计的一款保险产品，该产品具有以下特点。

◆ **定期定额，小钱变大钱**：定期小笔投入，轻松打理个人财富，积少成多，帮助投保人养成理财好习惯。

◆ **领取比例自己做主**：生存保险金有4种领取比例供投保人选择，分别为20%、15%、10%和5%，投入期限越长，领取比例越高；财富组合方式灵活，可满足不同阶段的理财需求。

◆ **全额返还**：满期全额返还投入资金，可用于养老理财。

◆ **多重保障**：提供疾病、一般意外身故保障及3倍公共交通意外身故保障。

◆ **累积生息**：选择生存金累积生息，可获得利滚利的分红收益，采用增额分红方式，增额部分也能参加以后各年度的红利计算，可使保额年年递增。

通过对该产品特色的了解，可知该产品生存保险金的领取方式具有较强的灵活性，投保人可根据未来对养老金的需求情况，来选择投入期限和领取比例。保费的交费年限可选 20 年、15 年、10 年和 5 年，交费方式为期交，定期定额的投入方式能够帮助自由职业者累积财富。

该产品的保障期限为交费期 +10 年，能获得比缴费期长 10 年的稳定现金流入，既可满足短期消费需求，也可满足中长期理财需求，保证家庭在未来 15 ～ 30 年内有稳定的收入。

当然，自由职业者在进行养老规划时，最好优先为自己参保社会养老保险，因为社会养老保险是最基本的保障；其次，再选择商业养老保险作为补充。在考虑商业养老保险的养老金领取金额时，可按照占全部养老保障需求的 25% ～ 40% 的比例来选择。通过这样的比例配置，再加上社会养老金，基本上就可满足未来的养老需求。

另外，每月或每年规划的养老险保费支出一定要做到专款专用，这样才能保证未来养老金有稳定的增长。

·10·

. PART.

甄别保险
营销手段

防范保险
陷阱

看清保险
合同条款

保险疑难
问题解答

看清保险理财，不要被陷阱"忽悠"

　　保险是我们用于转嫁风险的工具，但这一工具本身有时也会使投保人陷入"陷阱"之中。在购买保险的过程中，投保人还要学会识别一些常见的保险"陷阱"，使得自己的保险需求与所投保的产品相符，避免买到"空头保险"或买到自己不需要的保险。

10.1 甄别保险理财产品营销手段

> 丰富的保险购买渠道为投保人购买保险提供了便利，但保险销售渠道的多元化，也使得各销售渠道之间的竞争加剧，某些渠道为了提高保费收入，可能存在营销误导，投保人若不会甄别，可能就会被误导签单。

1．不要被片面的保险收益蒙蔽

具有投资理财功能是大多数投保人选择理财型保险的原因，因此高收益也成为保险产品的营销手段。在购买理财型保险时，我们经常会在产品介绍内容中看到保险产品预期收益的演算，但有时只能看到中档或高档的演算结果，且只能看到初略的数据，比如以下内容。

根据高档结算利率，投保人可获得以下账户价值：

60岁账户价值90万元，80岁账户价值230万元，60岁总生存保险金189万元，80岁总生存保险金358万元。

如果投保人在购买该产品时只关注了该产品演示的保险收益，那么可能会被超高的收益所诱惑，但该产品演示的保单利益为高档收益，实际上，理财型保险的保单收益预测分为低档、中档和高档，对于分红险而言，高、中、低三档的收益都是不确定的，而万能险通常只能保证低档收益。

该产品60岁账户价值为90万元，80岁账户价值为230万元，看起来回报颇为丰厚，但这是在不取出账户价值的前提下，长时间享受投资收益而不断累计的账户价值，如果投保人在中途取出一部分账户价值，投资收益会大打折扣。

另外，高额的保险收益也与高额的保费分不开，投资者想要通过理财型保险获得更多的投资收益，就需要投入更多的保费，持有保单的时间一般更长。

所以，投保人在购买理财型保险产品时，要端正自己的观念，不能太看重收益，想着通过保险实现"一夜暴富"，而应回到保险产品的本质特征上，即提供的保障。要明白保障＋投资功能的保险，其收益常常不确定。

2．"带病投保"不可行

除少数特殊的健康险外，大多数健康险都不支持"带病投保"，但在投保过程中，保险公司业务员可能并不会询问被保险人的健康状况，而投保人如果自行投保，通常也不会在保险产品介绍中看到不允许"带病投保"的相关信息。"带病投保"一旦出险，就可能陷入拒赔纠纷中。

在投保填写保单时，保险公司会让投保人填写被保险人健康告知声明书，图 10-1 所示为某保险公司的被保险人健康告知声明书内容。

该健康告知书由投保人填写，针对被保险人健康状况投保人特告知以下事项：	请选择	
1. 目前没有住院或病假中的情形	○是	○否
2. 现在或过去没有患肿瘤、精神病、心脏病、高血压、血管硬化、中风、糖尿病、尿毒症、慢性酒精中毒、肝硬化、肝切除三年以上（外伤性切除不在此列）或肾病性病等生殖泌尿系统疾病，哮喘、肺结核等呼吸系统疾病，血液病、艾滋病、神经系统疾病、甲状腺疾病以及任何神经肌肉骨骼系统方面的异常、失能等病症。无吸毒史	○是	○否
3. 在最近6个月内，没有任何身体不适症状和体征，如持续发热、疼痛、眩晕、胸痛、咳嗽、咯血、腹痛、便血、紫癜、消瘦（体重短期内下降超过5公斤）	○是	○否
4. 过去五年内不曾患子宫、乳房、卵巢等生殖系统方面疾病	○是	○否
5. 没有使用过任何违禁药物或毒品	○是	○否
6. 没有从事危险运动或竞技的嗜好，如 潜水、跳伞、攀岩运动、探险活动、武术、摔跤、赛马、赛车、自驾机飞行、热气球飞行、滑雪、滑浪、登山、漂流、蹦极、特技表演等	○是	○否

图 10-1　被保险人健康告知声明书

在填写被保险人健康告知声明书时，投保人一定要如实填写，如果投保人在告知事项中选择的"否"，那么表明被保险人没有相关病史。在《保险法》中的不可抗辩条款规定中，投保人两年内由于未尽如实告知义务，隐瞒或者瞒报了足以影响保险公司承保的相关事项，保险公司可不予履行保险责任的赔付，两年后的情况下，保险公司则不能以未如实告知而拒绝赔付。

但如果保险公司业务员故意诱导投保人"带病投保"，则保险公司应承担赔偿责任，陷入理赔纠纷将不可避免。

为避免陷入理赔纠纷中，投保人在投保时应如实告知被保险人的健康状况，明确"带病投保"不可行，不存侥幸心理，这样也无法被他人诱导骗保。

3．交费期限和保险期限不同

大多数保险产品的交费期限和保险期限都是不同的，投保人在交费期内按时交纳了保费，只能说明履行了交费义务，而可能不处于保险期间。而投保人在投保过程中，可能会被交费期限和保险期限误导。

部分保险销售人员会告诉投保人，在交费满几年后就可取出本金，而实际上该保险合同还处于保险期间，取出本金只能按退保处理，导致投保人遭受经济损失。

通常情况下，保险产品的交费期限都比保险期限短。以少儿教育金保险为例，大多数教育金保险要求被保险人年龄为 0 ～ 14 周岁，交费期限包括一次性、5 年和 10 年不等。而领取教育金一般要等到被保险人上了初中、高中或大学时才能领取，保险期限明显比交费期限更长。而有些保险产品会有更长的保险期限，如保障终身的终身寿险及保障至 80 岁的定期寿险等。

理财型保险最容易存在交费期限和保险期限的混淆，因为理财型保险有到期返还和按期领取投资收益等特征，投保人一般都希望能早日取出自己的投资收益，由于交费期一般较短，因此许多理财型保险在宣传时就将交费方式放在了显眼位置，而将保险期限"隐藏"了起来。

在银行购买银保产品时我们也会发现保险期限相对"隐蔽"，投保人要明白，交费期限和保险期限是两个不同的概念，一般只有在保险期满后取出本金和投资收益才不会有损失，保险期间取出本金和收益，大都属于提前退保，一般会遭受经济损失。

在投保时一定要看清楚两者的区别，比如某产品交费期限为10年，而保险期限为20年，那么意味着只有等到20年期满后才能不损失全部本金和收益进行全额取现。

4．识别保险电话骗局

相信不少人都接到过保险公司打来的电话，而有些自称某某保险公司的电话或许并不是保险公司打来的，而是不法分子冒充保险公司制造的骗局，目的是为了实施诈骗。

不少保险公司为宣传公司品牌，会进行电话赠险营销，让消费者体验保险服务，电话赠险不用投保人支付任何费用，手续简单，赠送方式有保险卡或通过手机短信确认等。那么保险公司赠送的保险是真实的，而不法分子打来的电话很可能就是"馅饼"。

不法分子通过冒充保险公司业务员，骗取投保人的个人信息并通过电话赠险来诱导消费者登录钓鱼网站，以此实施并完成诈骗。

为避免被骗，在接到保险公司打来的电话时，应确认通话方是否是保险公司的正规员工，这时可要求通话方报出保险公司名称及个人工号，若通话方支支吾吾，那么就需要提高警惕。保险公司电销人员在进行保险产品销售时，全程都会有录音，他们一般会在接通电话以后就告知对方自己公司的名称和工号。

另外，如果赠险人员要求提供银行卡号，显然不要提供，保险公司提供赠险服务，一般只要求提供姓名、电话号码和住址等，银行卡等与金钱有关的重要信息不会要求提供。

在收到赠险人员发送的手机短信后，对于手机短信内容中包含超链接的，一定要谨慎，确保该链接不是钓鱼网站后再点击。

10.2 保险代理人和理赔陷阱防范

> 大多数人购买保险都会通过保险代理人，优秀的保险代理人能为投保人选择更适合的险种，为其提供持续有效的服务。但并不是所有的保险代理人都是合格的代理人，有些代理人可能会为了完成销售业绩而让投保人陷入投保"陷阱"中。

1. 保险与"理财产品"有差异

如今，银行也是保险产品重要的销售渠道之一，许多有投资理财需求的投资者常常会到银行购买银行理财产品，而银行的理财经理在为客户介绍理财产品时，有时会将保险产品当银行理财产品卖。而许多投资者常常不明就里，认为自己购买的保险产品就是理财产品，等到发现其中的区别时，已经悔之晚矣。

而投资者想购买理财产品，却将理财产品购买成保险产品的投资者也不在少数，银行销售的保险产品大多是理财型保险，同样具有投资收益，因此投资者才会将银保产品误认为是银行理财产品。

了解银保产品和理财产品的区别，能够帮助投资者不被银行保险产品忽悠，两者的区别具体如下。

◆ **起点不同**：银行理财产品的起购金额一般较高，大多数为 5 万元或 10 万元，且通常一次性交纳所有投资金额，投资期限有 3 个月、6 个月、9 个月和 12 个月不等。而银保产品的交费方式可一次性交，也可按年或按月交，投资期限较长，比如 1 年、2 年或 5 年。

◆ **购买年龄不同**：银行理财产品没有投资人年龄的限制，而银保产品则对被保险人年龄有限制。

◆ **宣称可提供保障**：银行理财产品并不会提供任何保障功能，凡是宣称能提供保障功能的理财产品都是银保产品。

◆ **合同内容不同**：银行理财产品和银保产品签订的合同条款内容是不同的，银行理财产品的合同条款上会加盖银行公章，而银保产品提供的是保险合同，加盖的是保险公司的公章，投资者在阅读合同内容时也会发现 ×× 保险公司的名称。

2．识别真假保险代理人

伪造保险代理人身份，签订虚假保单，骗取投保人保费的案件时有发生，投保人如果选择在保险代理人处购买保险，首先就需要了解该保险代理人是不是真正的保险代理人。

查询保险代理人是否是正规的保险代理人，可通过拨打保险公司客服电话，报出该保险代理人的工号进行查询。另外，还可通过保监会官方网站进行查询，下面来看看具体查询办法。

Step01 进入保监会官方网站（http://www.circ.gov.cn/），在首页"办事服务"下拉列表中选择"营销员查询"选项。

Step02 在保险中介及销售从业人员查询栏中，选择任意查询条件，输入对应的保险代理人信息以及验证码，单击"查询"按钮。

Step03 在打开的页面中即可看到查询结果。

3．认识代理理赔骗保

车险出险后，车主会将车开到修理厂进行维修，而有些修理厂自称能够帮助车主办理车险理赔，而部分车主为了省事，便让其代办车险理赔，而代办理赔很可能就是陷阱。

代办者会利用车辆拼凑事故，进行虚假理赔，而车主将代办事项交给代办人后也不管不顾，未进行理赔核查，等到交纳车险保费时才会发现被代办人办理了虚假理赔，代办人由此获得了保险金，却使得车主的车险保费上浮。

除了通过虚假理赔骗取他人保险金外，一些不法分子还可能以理赔员的身份实施诈骗。不法分子使用的诈骗手段很多，包括套取他人银行卡信息、收取赔款手续费办理快速理赔及要求投保人到银行 ATM 机进行转账操作，由此马上获保险金等。

他们在实施诈骗时会报出投保人的个人信息，而这一信息通常还能保证准确无误，这样就让投保人放松了警惕，从而使不法分子取得了投保人自己的信任。此时，被骗者往往会按照该"理赔员"的要求进行转账等操作。

对于保险理赔，不管是车险还是其他险种的理赔，都最好亲力亲为，不可为了省事让他人为其代办。不法分子实施诈骗的目的都是为了骗取金钱，只要做到不转账，不提供个人信息就不会上当受骗。

4．注意保险理赔有限制

保险理赔是有一定的流程的，在发生保险事故后，被保险人应该做的第一件事就是和保险公司取得联系，向保险公司报案。如果在发生保险事故一定时间内未报案，保险公司可能会拒赔。

出险后，保险索赔的时效一般会在保险合同上明确载明，否则延迟报案增加的相关费用将由投保人负责，比如太平保险公司对于报案时间和索赔时间有以下规定。

人寿保险和意外伤害保险的投保人、被保险人或受益人应于知道保险事故发生之日起 10 个工作日内拨打太平人寿当地的团险报案电话报案，否则，投保人、被保险人或受益人应当承担由于延迟通知致使太平人寿增加的勘查和检验等项费用，但因不可抗力导致的延迟除外。

医疗健康保险的投保人、被保险人或连带被保险人应于被保险人或连带被保险人治疗结束后 60 日内通知太平人寿，否则，投保人、被保险人或连带被保险人应当承担由于延迟通知致使太平人寿增加的勘查和检验等项费用，但因不可抗力导致的延迟除外。

人寿保险的被保险人或者受益人拥有对保险人请求给付保险金的权利，自其知道保险事故发生之日起 5 年不行使的，权利自动消失；人寿保险以外的其他保险的被保险人或者受益人，对保险人请求赔偿或者给付保险金的权利，自其知道保险事故发生之日起两年不行使而消灭，视为自动放弃权益，太平人寿不再给付保险金。

从上述内容能看出，保险理赔的申请人一般有投保人、被保险人和受益人，保单持有人或其他人员不能提出理赔申请。另外，保险金请求的时间也是有限制的，人寿保险为 5 年，人寿保险以外的其他保险一般为两年。

10.3 一定要看清的保险合同条款

保险合同是投保人与保险人约定保险权利义务关系的协议，不同的保险产品都有其特定的保险合同。保险合同内容复杂，而普通投保人由于缺乏保险专业知识，因此常常会陷入保险合同设下的文字陷阱中。

1．保险术语有风险

在保险合同中，有些保险术语是晦涩难懂的，而有些术语则使用了"障眼法"，让投保人陷入其中。在购买保险前，投保人就需要了解一些常见的保险术语，下面就来看看投保人需要注意的一些常见保险术语，以避免陷入购买误区。

◆ **保单年度**：保单年度指保险合同生效日或生效对应日零时起至下一年度保险合同生效对应日零时止的期间为一个保单年度，注意生效起止日都为零时。

◆ **周岁**：保险合同中的周岁是按照有效身份证件中的出生日期计算的年龄，自出生之日起为 0 周岁，每经过一年增加一岁，不足一年的不计。

◆ **保险费约定支付日**：指保险合同生效日在每月、每季、每半年或每年（根据交费方式确定）的对应日，如果当月无对应的同一日，则以该月最后一日为对应日。也就是说，如果上月的 31 日为保费约定支付日，但本月只有 30 日，那么本月的 30 日为对应日。

◆ **有效身份证件**：指由政府主管部门规定核发的证明个人身份的证件，如居民身份证、按规定可使用的有效护照、军官证、警官证和士兵证等证件。

◆ **家庭成员**：主要指被保险人的配偶、子女、父母及配偶的父母。

◆ **住院**：指被保险人正式办理入院及出院手续，并确实入住医院正式病房接受治疗的行为过程，不包括入住门诊观察室、挂床住院以及身体检查和健康护理等非治疗性行为。

在保险合同条款内容中，会有释义部分，它会对保险合同中出现的一些名称进行解释，投保人在投保时也可进行了解，以防止双方对某一词汇理解不一致而造成纠纷。

2．注意责任免除条款

每一份保险合同中都有责任免除条款，投保人在投保时对责任免除条款的内容一定要仔细阅读，看清责任免除条款内容，在发生保险事故以后才能清楚地知道该保险事故是否属于保险责任范围内。

不同类型的险种都有其特定的责任免除条款，在责任免除条款范围内的保险事故，保险公司是不会承担给付保险金责任的，图 10-2 所示为某家财险的责任免除内容。

责任免除

第七条 下列原因造成的损失、费用，保险人不负责赔偿：

（一）投保人、被保险人及其家庭成员、寄居人、雇佣人员的故意或重大过失行为；

（二）战争、敌对行动、军事行为、武装冲突、罢工、骚乱、暴动、恐怖活动；

（三）核辐射、核爆炸、核污染及其他放射性污染；

（四）地震及其次生灾害；

（五）行政行为或司法行为；

（六）大气污染、土地污染、水污染及其他各种污染，但因本保险合同责任范围内的事故造成的污染不在此限；

第八条 下列损失、费用，保险人也不负责赔偿：

（一）家用电器因使用过度、超电压、短路、断路、漏电、自身发热、烘烤等原因所造成本身的损毁；

（二）保险标的本身缺陷、保管不善导致的损毁；保险标的的变质、霉烂、受潮、虫咬、自然磨损、自然损耗、自燃、烘焙所造成本身的损失；

（三）保险标的遭受保险事故引起的各种间接损失；

（四）本保险合同载明的免赔额，或按本保险合同中载明的免赔率计算的免赔额。

第九条 其他不属于本保险合同责任范围内的损失和费用，保险人不负责赔偿。

图 10-2　责任免除条款内容

在寿险的责任免除内容中，部分条款内容有时间的限制，如下所示为某寿险责任免除条款的部分内容。

因下列任何情形之一导致被保险人身故或身体高度残疾的，本公司不承担给付保险金的责任：

（1）投保人对被保险人的故意杀害或故意伤害。

（2）被保险人故意犯罪或抗拒依法采取的刑事强制措施。

（3）被保险人在本合同成立或合同效力恢复之日起两年内自杀，但被保险人自杀时为无民事行为能力人的除外。

（4）被保险人服用、吸食或注射毒品。

（5）被保险人酒后驾驶、无合法有效驾驶证驾驶或驾驶无有效行驶证的机动车。

（6）被保险人在本合同最后复效之日起180日内因疾病身故或残疾。

从上述内容可以看出，第3条和第6条都有期限限制，而其他内容则没有。责任免除关系到投保人和被保险人的自身利益，因此投保人对这一条款内容需仔细查看。

3．记住这几个重要日期

在购买保险的过程中，有几个重要的日期是需要投保人格外注意的，具体如下。

◆ **合同生效日**：保险合同自保险公司同意承保、收取保险费并签发保险单开始生效，保险合同生效意味着保险公司开始承保保险责任，因此这一日期需要投保人注意。

◆ **犹豫期**：大多数保险合同都有10日或15日的犹豫期，在犹豫期内投保人可提出解除保险合同，保险公司将退还全部保险费。犹豫期之所以重要，是因为在犹豫期内投保人可仔细查看保险合同内容，若发现该险种不适合，那么退保是不会有损失的。而如果在犹豫期后退保则可能遭受经济损失。

◆ **保险事故通知日**：保险事故通知日即出险后的报案时间，记住这一期限能够保障出险后及时获赔。

◆ **保单贷款期**：申请保单贷款时，银行以及保险公司对于保单的生效期都有规定，比如规定保单生效期已满 2 年或 3 年的才可申请保单贷款，对于有保单贷款需求的投保人来说要记住这一期限。

◆ **等待期**：等待期又叫观察期，是指保险合同在生效的指定时期内，即使发生保险事故，也不能获得保险赔偿，等待期常见于重大疾病保险和住院津贴保险中，一般为 90 天或 180 天，这个期限越短对被保险人来说越有利。

10.4 保险理财产品疑难解答

在购买保险产品以后，投保人可能会遇到各种与保单相关的问题，比如保单是否可变更？购买保险后可以退保吗？下面就一些常见的问题进行解答，帮助投保人更好地进行保险理财。

1．如何办理保单变更手续

保单变更是指在合同有效期内，经投保人和保险人协商同意，可以修改合同的有关内容。保单变更的申请资格人是保险合同中的投保人或被保险人，保单持有人以及受益人没有保单变更申请资格，如果投保人身故，可由其法定继承人作为申请人。

不同保险公司提供的保单变更内容会有些许差别，如图 10-3 所示为太平保险公司提供的保单变更服务内容。

☐ 保单基本资料变更	☐ 保费逾期未付处理方式变更	☐ 红利选择方式变更
☐ 投资账户单位转换	☐ 红利授权给付方式变更	☐ 信件发送方式变更
☐ 保贷通	☐ 客户基本资料变更	☐ 红利领取
☐ 生存金领取	☐ 生存金授权给付及变更	☐ 保单账户余额退费
☐ 投连追加投资	☐ 万能追加投资	☐ 保单补发
☐ 预约终止	☐ 结束自动垫缴	☐ 变更投资分配比例
☐ 投资账户价值领取	☐ 结束保险费假期	☐ 万能险部分领取
☐ 新增万能账户	☐ 减额交清	

图 10-3　太平保险公司提供的保单变更服务

一般来说，保单可变更的内容包括投保人变更交费方式和基本信息变更，比如联系方式、姓名、文字和出生日期的变更；受益人变更；交费方式变更（现金付款变更为银行自动转账）；变更银行转账账号；保险金给付方式变更；投资收益领取方式变更等。

对于通讯地址和电话号码等普通信息的变更，一般可以通过登录保险公司的官方网站个人账号，或拨打保险公司客服电话进行变更。目前，许多保险公司还提供手机 APP 和微信自助办理等服务。

对于姓名、出生日期、性别、证件号码、职业等受益人等重要信息的变更，则需要携带投保人身份证明原件、被保险人身份证明原件和新受益人身份证明复印件等，到就近的保险公司客户服务中心填写相关的变更申请书，并由申请人亲笔签名后提交保险公司审核，保险公司受理保单变更申请材料后，将进行审核并作出审核决定。

保单变更申请书通常可以在保险公司官方网站上进行下载，图 10-4 所示为中国人寿个人保险合同变更申请书部分内容。

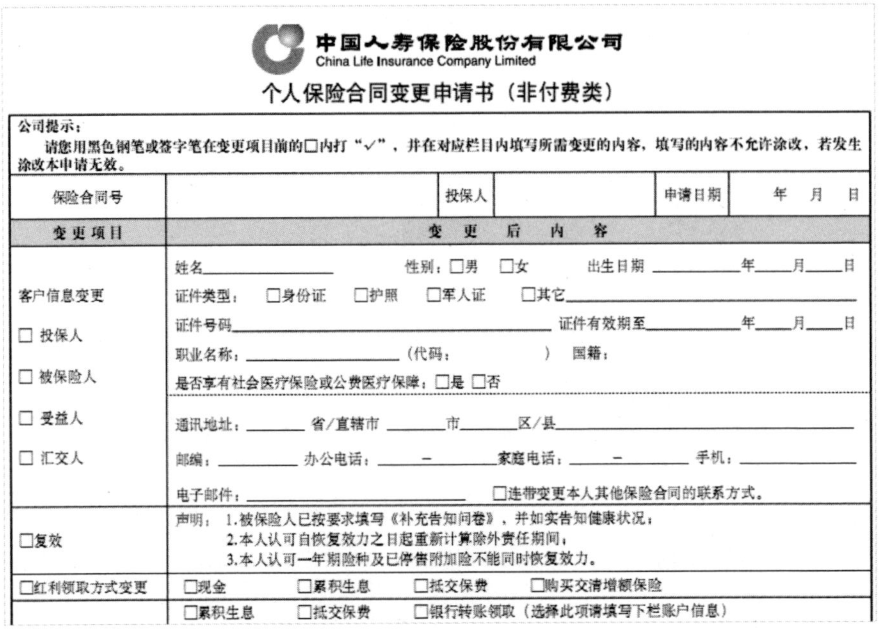

中国人寿保险股份有限公司
China Life Insurance Company Limited

个人保险合同变更申请书（非付费类）

公司提示：
请您用黑色钢笔或签字笔在变更项目前的□内打“✓”，并在对应栏目内填写所需变更的内容，填写的内容不允许涂改，若发生涂改本申请无效。

保险合同号		投保人		申请日期	年 月 日

变更项目	变更后内容
客户信息变更 □ 投保人 □ 被保险人 □ 受益人 □ 汇交人	姓名______ 性别：□男 □女 出生日期 ______年____月____日 证件类型： □身份证 □护照 □军人证 □其它______ 证件号码______ 证件有效期至______年____月____日 职业名称：______（代码： ） 国籍： 是否享有社会医疗保险或公费医疗保障：□是 □否 通讯地址：______ 省/直辖市 ______市______区/县______ 邮编：______ 办公电话：____－____家庭电话：____－____ 手机：______ 电子邮件：______ □连带变更本人其他保险合同的联系方式。
□复效	声明： 1.被保险人已按要求填写《补充告知问卷》，并如实告知健康状况； 2.本人认可自恢复效力之日起重新计算除外责任期间； 3.本人认可一年期险种及已停售附加险不能同时恢复效力。
□红利领取方式变更	□现金 □累积生息 □抵交保费 □购买交清增额保险
	□累积生息 □抵交保费 □银行转账领取（选择此项请填写下栏账户信息）

图 10-4 中国人寿个人保险合同变更申请书部分内容

2．特殊原因无法支付保费怎么办

对于期交的保险产品来说，由于交费期限较长，投保人在续交保费时可能会遇到无法支付后续保费的情况。提前退保对投保人来说是不利的，如果是短期内无法支付保费，投保人只需在宽限期内补交保费即可，但如果宽限期满后仍不能交纳保费，那么保险合同效力将中止。

大多数寿险保单都支持保单贷款，投保人在急需用钱或者在宽限期内暂时无法支付期交保费时，可选择保单贷款的方式以解燃眉之急。比如平安银行为寿险保单客户提供了无抵押信用贷款服务，网上在线申请只需三步就可完成贷款，具体流程如图 10-5 所示。

图 10-5　平安银行保单贷款三步骤

对于保单贷款的申请人，平安银行要求满足以下条件。

◆ **申请人要求：**申请人为保单投保人，年龄 25 ~ 55 周岁，现居住地 ≥ 6 个月，在申请地居住或工作，目前只开放上海地区客户。

◆ **有寿险保单：**十大保险公司寿险保单，年交保费不低于 1000 元的保单生效已满 3 年，正常缴费达到 4 次，且近一年内未发生变更。

◆ **申请材料：**二代身份证、房产证（如有）和贷款用途材料。

投保人除可以在银行申请保单贷款外，也可以在保险公司申请，某些保单支持在该保险公司申请保单贷款，比如在某终身寿险保险合同条款中，可以看到如图 10-6 所示的内容。

在本合同有效期内，您可以申请并经我们审核同意后办理保单贷款。贷款金额不得超过您申请时本合同现金价值扣除各项欠款及应付利息后余额的 80%，每次贷款期限最长不超过 180 日，贷款利率按您与我们签订的贷款协议中约定的利率执行。

自贷款本金及利息加上其他各项欠款及应付利息达到本合同现金价值的次日零时起，本合同效力中止。

经我们审核不同意您的保单贷款申请的，我们不向您提供贷款。

图 10-6　保单贷款内容

在保单贷款的过程中，被保险人的保障功能并不会受到影响，保单依然有效，但如果到期后无法支付贷款本息，那么保单效力会中止。

3. 投保时发生年龄错误怎么办

在保险合同中，被保险人年龄是按照有效身份证件中的出生日期来计算的，而部分投保人习惯使用农历年，因此在投保时可能会出现将被保险人年龄填错的情况。

针对年龄错误，不同保险产品的保险合同中都会明确写明办理方式，如下所示为某两全保险合同中关于年龄错误的处理方式。

（1）投保人申报的被保险人年龄不真实，并且其真实年龄不符合主合同约定的投保年龄范围的，我方可解除主合同，解除合同时，我方将向投保人退还主合同解除合同之日的现金价值扣除未还款项（含利息）后的余额。若已给付保险金，则我方有权要求受益人退还已给付的全部保险金。

（2）投保人申报的被保险人年龄不真实，致使投保人实付保险费少于应付保险费的，我方有权更正并要求投保人补交保险费，若补交保险费前已发生保险事故，则我方在给付保险金时按照实付保险费与应付保险费的比例折算给付保险金；折算给付的保险金＝应给付的保险金×（实付保险费÷应付保险费）×100%。

（3）投保人申报的被保险人年龄不真实，致使投保人实付保险费多于应付保险费的，我方将多收的保险费无息退还投保人。

通过上述内容可以看出，若被保险人年龄错误，保险公司可单方解除保险合同，若少交了保费还需补交。另外，在保险理赔时还会影响理赔结果，因此，在填写投保单时投保人要明确保险公司对"周岁"的定义。

读 者 意 见 反 馈 表

亲爱的读者：

感谢您对中国铁道出版社的支持，您的建议是我们不断改进工作的信息来源，您的需求是我们不断开拓创新的基础。为了更好地服务读者，出版更多的精品图书，希望您能在百忙之中抽出时间填写这份意见反馈表发给我们。

随书纸制表格请在填好后剪下寄到：北京市西城区右安门西街8号中国铁道出版社综合编辑部 张亚慧 收（邮编：100054）。或者采用传真（010-63549458）方式发送。此外，读者也可以直接通过电子邮件把意见反馈给我们，E-mail地址是：lampard@vip.163.com。我们将选出意见中肯的热心读者，赠送本社的其他图书作为奖励。同时，我们将充分考虑您的意见和建议，并尽可能地给您满意的答复。谢谢！

- -

所购书名：_____

个人资料：

姓名：_____ 性别：_____ 年龄：_____ 文化程度：_____

职业：_____ 电话：_____ E-mail：_____

通信地址：_____ 邮编：_____

- -

您是如何得知本书的：

□书店宣传 □网络宣传 □展会促销 □出版社图书目录 □老师指定 □杂志、报纸等的介绍 □别人推荐
□其他（请指明）_____

您从何处得到本书的：

□书店 □邮购 □商场、超市等卖场 □图书销售的网站 □培训学校 □其他

影响您购买本书的因素（可多选）：

□内容实用 □价格合理 □装帧设计精美 □带多媒体教学光盘 □优惠促销 □书评广告 □出版社知名度
□作者名气 □工作、生活和学习的需要 □其他

您对本书封面设计的满意程度：

□很满意 □比较满意 □一般 □不满意 □改进建议

您对本书的总体满意程度：

从文字的角度 □很满意 □比较满意 □一般 □不满意
从技术的角度 □很满意 □比较满意 □一般 □不满意

您希望书中图的比例是多少：

□少量的图片辅以大量的文字 □图文比例相当 □大量的图片辅以少量的文字

您希望本书的定价是多少：

本书最令您满意的是：

1.
2.

您在使用本书时遇到哪些困难：

1.
2.

您希望本书在哪些方面进行改进：

1.
2.

您需要购买哪些方面的图书？对我社现有图书有什么好的建议？

您更喜欢阅读哪些类型和层次的理财类书籍（可多选）？

□入门类 □精通类 □综合类 □问答类 □图解类 □查询手册类 □实例教程类

您在学习计算机的过程中有什么困难？

您的其他要求：